京剧表演艺术家李蔷华

李蒿华（右）1946年与妹妹李薇华

李蒿华1960年在深圳为香港观众演出

李蔷华 1979 年与俞振飞在广州

李蔷华、俞振飞夫妇与尚长荣（后排左三）

李蔷华与俞振飞演出《贩马记》

俞振飞录制《三堂会审》时,李蔷华与儿子关栋天、儿媳周玖和俞振飞合影

李蔷华 2011 年与蔡正仁演出《春闺梦》

"海上谈艺录"丛书编辑委员会

主　任　徐　麟

副主任　陈　东　施大畏　宋　妍

委　员　（按姓氏笔画为序）

　　　　王汝刚　王依群　许舒亚　何承伟　宋　妍

　　　　辛丽丽　沈文忠　迟志刚　张建亚　张晓敏

　　　　陈　东　尚长荣　周志高　胡国强　施大畏

　　　　徐　麟　程海宝　谭晶华　滕俊杰　穆端正

策 划 宋 妍 张晓敏 沈文忠
统 筹 倪里勋 王 刚

海上谈艺录丛书

立雪程门漾秋声

费爱能 著

上海世纪出版集团
上海文化出版社

目　录

艺术访谈
　　每一部程派戏都充满了创造的灵性 …………………………………… 003

艺术传评
　　第一章　云在飘 ………………………………………………………… 025
　　第二章　父恩如山 ……………………………………………………… 041
　　第三章　花季 …………………………………………………………… 051
　　第四章　顶梁柱 ………………………………………………………… 064
　　第五章　师恩难忘 ……………………………………………………… 073
　　第六章　觅知音 ………………………………………………………… 085
　　第七章　马蹄忙 ………………………………………………………… 096
　　第八章　乐声阑珊 ……………………………………………………… 110
　　第九章　云从龙 ………………………………………………………… 124
　　第十章　衍芬轩 ………………………………………………………… 141
　　第十一章　秋声赋 ……………………………………………………… 149

附　录
　　从艺大事记 ……………………………………………………………… 165
　　后　记 …………………………………………………………………… 177

艺术访谈

　　我这个人，貌似温和，好说话，实在是很倔的个性，认准的事，轻易不会调头。沉迷程派艺术，在自己喜欢的艺术形式里，工作的过程，成了享受的过程，实在是人生最大的幸福。我是地道的"保守派"，唱、念、做，悉遵师承，从不敢改动程砚秋程先生的艺术，哪怕是一点一滴，我有自知之明，我没有那个能力与水平。

——李蔷华

2014年10月,李蔷华在寓所与本书作者费爱能合影(祖忠人 摄)

每一部程派戏都充满了创造的灵性

时间：2014 年 10 月
地点：李蔷华寓所
受访人：李蔷华
采访人：费爱能

  深秋十月，天高枫红。客厅。李蔷华老师坐一侧的单人沙发，恭敬不如从命，我坐正中的三人大沙发。眼里的老师，大病初愈，倦容未褪，虚弱显见。说到病因，竟然是因为熬夜看世界杯足球赛，且是连续熬了一个整月，球赛毕，人倒下。耄耋老人说这些，像是在说别人的事，爱运动的年轻人的事，气定神闲。奇怪的是，闲篇扯毕，开始切正题，她忽然就腰板挺起，眼珠晶亮，精神头紧急聚集，恍若转回到她熟悉的舞台。

  多少年养成的习惯吧，为客人沏茶，老师一定得亲力亲为。倒满满的一茶杯，飘散着缓缓热气，看她用双手捧着，小心翼翼的，移动着八十五岁的、带着老伤的蹒跚步履，慢慢地向自己靠近，实在令人感动。打开茶几上的铁皮盒盖，推荐这个饼，捏起那颗糖，知道我喜欢甜食，欣悦地说，自己也有同样爱好。都说年岁大了，少吃甜品，她甜甜地一笑：别听那一套，他说他的，咱吃咱的。转身又去里屋，抱了个设计精美的糖罐头出来：女儿香港带来的，老甜的，好吃，带回去吃。见我犹犹豫豫的样子，她轻声轻气地说：俞老才喜欢吃甜哩，最好吃什么都放上满满一匙糖，要甜蜜蜜，咱们谁都比不过他，他活到那个岁数！

  倦弱相的老师，话语里都是高兴的内容，是喜欢了一辈子的戏剧人生，谈着谈着，略显苍白的面容泛出浅红。我原先很是惊讶，为什么她的话那么富有感染力，后来注意到她爱用双手的姿势帮助说话，幅度不大，频率亦低，偏是如此自然，恰到好处，是普通人所做不出的。

  我们的访谈，是分几次完成的，每次谈兴都很浓，往往华灯初上时，仿佛刚开始不久。

  费爱能（以下简称费）：一般说，过去学舞台表演的，跟手工业者相似，许多是家传的，家里上辈，或者上上辈，是吃的这碗饭，小辈就自自然然地继承了，继续干上辈的事。老师您，好像不属于艺术世家什么的。您是怎样走上戏剧舞台的？

李蔷华（以下简称李）：从祖脉上讲，确实如此。生父家族、外公外婆家里，可能查到的，没有一个吃艺术饭的，几乎没有跟舞台表演或任何其他艺术形式沾边的，唯有母亲，她是自幼喜爱唱唱跳跳的，那也只是个喜爱罢了，后来走上唱山东大鼓这条道，实在是为生活所迫，被逼上梁山的。我呢，似乎跟母亲一样，也是打小喜欢，被生活逼迫的，因为演唱能赚到钱，能养家糊口，而且没有别的任何办法，只能跟上母亲，讨这口饭吃。那个年代，风雨飘摇，摆在自己面前的路只有两条：要么，被这个黑暗的社会吞噬；要么找到活路，想办法挣扎生存在这个世界上。活路在哪里？生父不顾家不管家，整天浪荡在外，把我们四个孩子扔给母亲一个人，死活不管。哥哥只有八岁时，才多高的孩子啊，就被"写"走，说好听点，是外出学艺去了，说难听呢，家里养不起，到人家那里讨饭谋生去了。那么小的孩子，离开家，离开娘，生死难卜啊。哥哥走了后，剩下的孩子，数我最大了，母亲肩上的担子，山一般沉，我不站出来帮助分担，还能有谁？

费：看来还是遗传了妈妈的基因。你们母女俩的人生路上，是否有着相似的经历？

李：基因这事儿，有一点吧，命运却是各个不同的。就说童年吧，妈妈大户人家长大，从小有吃有穿的，唱戏跳舞是消遣开心的事。我呢，现在说我九岁登台什么的，说我更小的时候武汉新市场学艺什么的，好像这个另类的童年有多么了不起似的，其实是万般无奈，是走投无路。那个年纪，谁不想背起书包上学堂，谁不想赖在妈妈怀里撒娇啊。有句话叫"时势造英雄"，用到我身上，是"时势造演员"。童年的苦难，成了我一生一世受用不尽的财富，这个话，我现在算是完全悟到了。没有家传的外在条件，自有求生的强烈渴望。记得五六岁时，在新市场，看母亲演出，看京戏，看话剧，看各种各样赶到这个大码头讨生活的艺人，幼小的我，不是成天生活在了表演艺术的天地间吗？说学习条件，这是得天独厚的。

费：搞表演，条件真是第一位的，特别是小孩子。

李：条件固然重要，关键还是自己"要"，真正从心里喜欢，有一种自内而外的自觉性。

重庆看赵荣琛演出，我十二岁。他第一句唱出来，第一个动作舞出来，我就被深深吸引了，我就认定，程派唱腔，就是我所喜欢的，是我最爱。那天是我继父李宗林带我进的剧场，演出结束，回家路上，我就迫不及待把上面这番意思跟他说了。他感到十分欣喜，原来他带我观赵戏，就是有这个想法的，但是他担心还是小姑娘的我，不一定会和他想到一起，他是很有涵养很有耐心的人，他是做好慢慢让我理解的心理准备的，哪里知道，才看了一场戏，我就干脆爽快地作出了令他满意的决定。

不错，当初我还只是个懵懂女孩，怎么就能看那么准，认那么清？今天想来，恐怕这就是所谓的天赋，所谓的缘分吧。程派声腔艺术，以独树一帜的发声、吐字、用嗓、润腔等综合技巧创造了风格含蓄、深邃曲折、亢坠断续的唱腔。程腔，虽然是以幽咽婉转著称，却于柔美的旋律之中，透彻一股别具一格的刚劲之气，锋芒毕现，咄咄逼人，而具备了更加强烈鲜明的艺术感染力，可以说是柔里有刚、刚柔相济的典范。程派唱腔的另一个特点，则是通过声音大小、气息强弱的有效控制，加上多种气口的巧妙运用，形成了藕断丝连、若断若续的情调和韵味，以字行腔、以腔传情，真正妙不可言。这些文诌诌的书卷气的话，看赵戏时，我是不可能说出的，也不可能领会到这个程度，但是，这些切实存在的美妙之处，却足可以感染到我，与我内心的渴念与诉求对上了号，挂上了钩，我是发乎于内心之情，先有了自然产生的喜欢，再有学习研习的浓烈兴趣。

今天回忆起来，当初我对程派艺术之所以一见钟情，一夜间，它成了我表演生涯的初恋，不外乎有两个原因：一是颠沛流离的童年生活；程派的不无悲愤的旋律节奏所营造的气氛，与我的生活现实图景有自然的交合。二是我的性格，貌似温和、好说话，实在是很倔的个性，认准的事，轻易不会调头。这两条，让幼小的、刚刚跨入表演的我，在很短的时间里作出决断，义无反顾地与程派艺术结下了不解之缘。能够找到自己喜欢的艺术形式，工作的过程，成了快乐的过程、享受的过程，实在是人生最大的幸福。

费：老师您与程派艺术结缘，也太从一而终了呀。这一段"初恋"，一旦恋上，居然终生未变，您对它迷恋至痴，保鲜了近七十年。这到底是什么神奇的力量在起作用呢？

李：喜欢，说到底还是喜欢。因为喜欢，选择学习程派艺术，也还是因为喜欢，坚持学习程派艺术这么多年。当然，不可能一帆风顺。1950年，我的第一段婚姻开始后，有过两年离开舞台，倒不是萌生退意什么的，就是因为各种各样原因，息了这一段。后来程砚秋程先生到上海四马路大舞台，他连演十九场《荒山泪》，我痴痴地连看了十七场，人好像是沉睡过后猛醒一样。回家就说，我要出去唱戏，一天也不想再等。对方出口就是：你要唱戏，就离婚！坚决反对我重返舞台。后来，这个婚固然是离了，我人呢，不用说，再次回到了热爱的舞台。

说到1976年上半年那一回，"文化大革命"还没完全醒过来，突然接到上级通知，要我出演《二堂舍子》，还说是要拍成电影的。那一年往回溯，传统戏都生疏、中断十年了,这个真是太突然了,初听说这个事,我都愣了老半天,没能回过神来。也真是奇怪,接下任务后,虽然连嗓子都没吊过,自己也不知道是哪儿来的记忆,词儿都没来得及对一遍,便将行头套了,上去演了起来,几乎毫厘不差。事后明白,年轻时学下的那么喜欢的东西,早已经是烂熟于胸,俗话说的"融化在血液里"了,哪里能轻易忘得了呢。审查小组看过后,又下达通知,我的《二堂舍子》要去武汉电台录音,又要求直接去天津录像。到了天津住小北楼,随后,北京审查小组的同志也进了小北楼。录像出来,审查小组说让演员自己先过过目。我就看,自己审查自己,特别仔细,发现了问题。到底是十年没化妆,自己怎么看都觉得不对劲,原来是耳挖子太低了,耳挖子一低,耳坠就显太低,整个儿就显脖子短了,难看。我说,这个不行,怎么能拿出去。我跟小组商量,要求重拍。小组说:明天就得送走,没有这个时间了。我说:有,连夜拍,通宵拍。那一年,我快奔五十岁了,唱念上乘,戏尾屁股座子腾空而起,照样能飞起两尺之高,变身盘腿硬落,下场跪步也是又快又稳。我自己都惊讶,都佩服自己。这么多年没有接触了,居然还行,还能这么演下来,我给自己找原因,还是因为喜欢。我是真心喜欢啊,这么多年不让演,突然来了机会,那个兴奋呀,那个想要再演程派戏的愿望呀,涌泉一般喷发出来。我相信,我全身的细胞都紧急集合起来了。

费:毫无疑问,前辈大师程砚秋先生是京剧史上伟大的创造型艺术大家。老师您沉迷程派艺术,有着漫长的历程,您对大师这一点,一定是有自己的体会吧?

李:关于创新,程砚秋先生真是最典型的创新型艺术大师,他的戏,哪一部不是充满了创造的灵性?程砚秋抑扬错落、疾徐有致的新腔,并让唱腔与身段完美融合在一起,在王瑶卿面前都是革新的成果。而程先生本人,则一直是主张改良戏曲的,特别是他上世纪30年代赴欧洲考察西方戏剧之后,就已有了较为明确的革新意识。新中国成立不久,他就亲率自己的剧团秋声社赴西北、东北、西南等地考察地方戏,他到南京考察时,还到过我演出的戏场子,观看我演出呢。程先生对自己的曲目,更是每一个作品都是在不断改进的。我结合演出,对程派戏不同时间段进行研究比较,发现1938年是怎么的,1942年是怎么的,1952年拍电影又是怎么的,几个不同版本,都在一点点精益求精的。

《锁麟囊》是集程派艺术之大成的剧目,它通过女子薛湘灵由富而穷的生活变迁,生动描述了社会的人情冷暖与世态炎凉。程先生早在1937年就与剧作家翁偶虹切磋,为这个戏设计安排唱腔,花去了程先生整整一年的时间,真可谓殚精竭虑。比如薛湘灵有这样一句唱词:"在轿中只觉得天昏地暗,耳边厢,风声断,雨声喧,雷声乱,乐声阑珊,人声呐喊,都道是大雨倾天。"这种句式,在传统京剧里是根本没有的，而程先生这样的文学描述和人物需要，创造出抑扬错落、疾徐有致的新腔，并把唱腔和身段融合到一起，使程式化表演超凡脱俗，真实的人间情感和堪称惊人的美感，一并奉献给了观众。1940年4月，这个戏在上海黄金大戏院首演，雅致独特的声腔艺术、人人可体味又体味不尽的世态炎凉，和那种温暖惆怅的意味，一下子抓住了上海观众的心。连演十场，十场皆满。

《玉堂春》是程派戏又一出耐人寻味的曲目，程先生凤眼传神、柳眉入鬓，脸若鹅蛋，妩媚中带憔悴哀怨的神态，眼皮一层黛绿涂抹沉匀，添加红色的罪衣罪裙扮相，意蕴都在化装上体现了，几多别致！一样是描绘青楼女子，人家多数理解为花案里的风情，而先生他在强调冤案中的冤情，切得多准！他的《玉堂春》就是通过这些点滴，栽培了独有的格调。先生身材高大，年轻时又瘦又漂亮，修长俊朗，中年后开始发胖，就显得高壮了，他一出场，台底下都"哇"，一个唱旦角的，人家是在吃惊，旦角怎么会是这么大的块头呀。但你静下来，看下去，先生他一张嘴一唱，台底下鸦雀无声了，你被先生的各种身段表演吸引了，身材大呀什么的视觉感受会很快淡化，一个玲珑可爱美妙的妇人跃然而出。程先生的本事就有这么大，这不是随便说一声学，就能学得到的。

有人拿《春闺梦》改了两句词儿，就说改革了，我坚决反对。《春闺梦》中，张氏打听到丈夫被抽壮丁，一年没音讯，邻居朋友，就到处打听，"啊，恩人"，这个当时的称呼，改成"啊，伯母"，自然不行，离开历史环境，动一个字都不行。这不是保守，是尊重经典。你传承程戏的优点，我主张必须中规中矩，要不然人家怎么知道真正的程派，精神丢掉，就不是程派。学戏，得强调先"似"，再谈"神似"。就说唱腔吧，你既然唱程派，那就等确实掌握了，精髓完全学到，再谈变化。大家都知道，人最好的嗓子是中年的。周信芳沙喉咙，程砚秋倒仓后嗓子出问题，都是没办法，行家自己可改变方法处理好，你学这个沙喉咙什么的，怎么行？

费：老师您没有正规上学读书的机会，更没有过正式拜师学艺的经历，看到您一生走过来，洁身自好，过日子、学艺术，时时处处表现出令人仰慕的大家风范，您的学养如此良好，一生的演出如此精彩纷呈，相信您的人生中，您的艺术生涯里，一定有过一位非比寻常的业师。他是谁，您能给我们说说吗？

李：经常听到别人说"贵人相助"这个词。要说我的贵人，第一个大贵人，就得数我的继父李宗林，可以说，没有他，就没有现在的我。他做了我的继父，是因为妈妈跟他的爱情；他成了我的贵人，是因为他的宽广胸襟，他的博学多才，他的循循善诱，他的良好修养。要说我能懂得一些做人的道理，要说我在艺术追求的道路上比别人获得了更好的艺术启蒙，不间断地提高，转危为安，渐入佳境，哪一步都离不开继父的指点、帮助、提携和苦口婆心付出的心血。

别看我从小到大嘻嘻哈哈，整日很开心的样子，其实我是很倔又很内向的一个人，在过去那样的社会环境里，我一个抛头露面上台演戏的人，而且是女孩儿，人家叫演什么，还不就得乖乖地演什么，什么《四脱舞》呀、《大劈棺》呀、《纺棉花》呀，演员么，任人使唤罢了，胳膊还真能犟过大腿去？我就不，仿佛天生的，就是不喜欢轻浮的一套，不喜欢乱七八糟的东西，碰到这种情况，我就不会让步，不演就是不演，就会僵住，就会弄得大家很尴尬。表面看，继父是个很温和的人，骨子里，他是很会动脑子、很有办法的。前面说过，就是他暗中使劲，让我很小的时候，就深深地爱上了程派艺术。他是深知学程派艺术这条路之艰深的，那些戏文，充满诗意，紧密联系历史社会，特别有文化，都有着深刻的含义，不理解，怎能准确演绎，而我，还得先过文字关。那些年，同龄孩子上学堂念书，我则随着剧团天天演戏，回到床上倒头便睡。夜深了，继父他还不能休息，他得连夜把唱词用毛笔工工整整地抄在纸上，第二天一早，我得闻鸡起舞，先识字，再达意，进而读通全篇，戏演活了，字也差不多认全了。特别是后来学到程先生的那些小本戏，言辞都非常文雅，我继父就一字一句地讲给我听，这句是什么意思，那句又是什么。对唱词的理解深入了，演出来的戏，自然就会格外地有味道。这样子耐心细致地教、带，不是一天两天，是整整十四个年头呀。你说像我继父这样的老师，天下能找得到几个？不用说，谁遇到了，就是谁的福气。

费：看起来您的继父不是简单的琴师，他是有着很高传统文化造诣的一位高人呀，您与他相遇，真的是福气。

李：谁说不是呢，我的继父，聪颖斯文，君子风仪，多才多艺，不仅文学底子深厚，胡琴拉得好，他还写得一手好字。平时有了一点空闲，他就教我习字，毛笔宣纸的，甚至希望我能有一点丹青功夫，以陶冶情操，提升修养。继父对我的熏陶真是无处不在的。比如看书读报，他这样一个天天跑码头，顾这么多事的大忙人，书报不离手，我也跟他学，一生保持了读书看报的习惯，知道了只有懂得越多，很多事情才能看得明白，知道判断。继父他觉得作为一名优秀的表演艺术家，应该具备国际视野，曾经想到过让我学习英文，实在因为演出太忙又请不到老师，才没能实施。他的这些做法想法，放到今天，也还是很有意义的。教戏育人，我继父的思想真是超前呀。

费：看得真远，您的继父绝对是一位具高度责任心的优秀教师。

李：最难能可贵的是，他在自己尽力传授之外，为了能让我在艺术上获得全面长进，更加贴近程砚秋程先生的艺术，他给我请老师，只要是有这个机会，他都会努力去争取。比如他请来了教给我扎实的基本功的徐碧云徐先生，还把程砚秋程先生的琴师周长华先生请到家里，整整教了我三年，使我结成了新的师徒之谊，受益终生。周先生的胡琴自然是好，继父的胡琴也是数一数二的呀，以前凡是我演出，每次都是继父拉的主胡，周先生来了后，继父从来都是恭恭敬敬地让出头把交椅，自己靠边坐。每回看到沉稳地坐在那里拉琴的继父，一股崇敬的心绪会抑制不住地升腾起来，我对他有说不出的感激。

继父是四十九岁时英年早逝的。纵观他短暂的一生，几乎把自己对京剧艺术的追求都用在了对我的培养、引导、教育上。"为他人作嫁衣裳"这句话，用在他身上最适合。经常引发我沉思的是，在我们结为父女、师徒关系之初，他就是一个才华卓越的人物，与名家高华、言菊朋一起拉弦唱戏，名气早已响遍苏南一带。文艺界人喜欢说一个人的胸怀如何地宽阔，我说不上自己的心胸有多宽，却知道自己的继父，他的襟怀有海洋般辽阔。

费：能感觉得到他的人格魅力，还有他对您的影响，真是无人可以替代的。一个没有血缘关系的父亲，能做到那样，真是不容易，一定与他的个人品质有关。

李：是的，关于继父李宗林，我得多说几句的。较之直接的艺术技艺，他高贵的人品修养，这些看似与艺术不太搭界的东西，在我的艺术人生里，是滋润到我的更为重要的素养。可以毫不谦虚地说，年轻时的我，长得比较漂亮，走哪儿都会引来关注。对于演员，特别是年轻女演员来说，这自然是好事，同时又是坏事啊。我是十四岁在成都挂的二牌，开始了真正意义上的京剧演出生涯，才唱了半年，很受欢迎，钱和名声是挣到了，糟心的事情也跟着来了。当时有那么一个人，仗着权势对继父软硬兼施，说只要继父做主把我许配给了他，便保继父后半生衣食无忧。继父不理这一套，表面上跟他们周旋，暗地里卖掉了成都的房子，这是全家赖以为生的刚买下的新房呀，想方设法找来一辆货车，组织一家人连夜逃离了是非之地。人非草木，我的亲生父亲要卖掉我换他的鸦片钱，而继父是百般地保护我，我怎能不感恩？他进我家门时我十二岁，1953年他患脑溢血去世，我二十五岁，这么些年里，尽管他对我和妹妹很温和很亲切，视同己出，却从来没有在肢体上靠近我们一下，连摸摸手，说声"乖乖儿"都没有。早晨练功，叫我们起床，罗帐纹丝不动，只管拿戒尺，轻轻敲帐外的床沿，直到把我们叫醒。他就是这样的正人君子。为什么我那么敬仰他，永远记住他，就是在这些方面。

费：您是在唱头牌许多年后，经继父引荐，请来了徐碧云先生。继父一开头就讲清楚，跟徐先生学习，本意不在学程派戏，而是因为他身上东西多，才跟的他。说说老师您，在徐先生和其他非程派演员身上学到了些什么？汲取这样多方面的养分，对您的演艺有何益处？

李：徐碧云是著名的京剧旦角，他的哥哥就是梅兰芳梅先生的琴师徐兰沅，当年《顺天时报》发起选举最佳旦角新剧目的活动，当选的就是梅先生的《太真外传》、尚小云尚先生的《摩登伽女》、程砚秋程先生的《红拂传》、荀慧生荀先生的《丹青引》，还有就是徐碧云徐先生的《绿珠坠楼》，那时有"五大名旦"的说法。继父从《罗宾汉》小报上发现他的时候，他正潦倒，住小旅店的房钱都付不起。我赞同继父的意见，出资八两金子，为他顶了一处住处，先把家安顿下来。徐先生虽然不是唱程派的，虽然也没有形成自己的流派，但他的艺术还是非常好的，学了他的东西，对自己整个艺术的提高都有好处，特别有些武功戏，比如《绿珠坠楼》，他跑圆场，他上高楼，一堵高墙一般，双脚就这么一踏，人就从上面下来了，这两下子，一般人根本就做不到。徐先生给我完整说过一出《巴骆和》，实际上是一出武旦对，还要大棍子，是我台上根本不能演的，我还是认真学了；再就是教了我一套剑术。程砚秋程先生的《红拂传》，他在台上舞的是真剑，武术功夫非同小可。先生的儿子程永江对我说，父亲就是不当演员不演戏，去做武术教练，都可以维持生活。先生在台上不耍假剑耍真剑，那剑我也是学不了的。徐先生教的剑术，我就用在《红拂传》里，解放之后还演过几次，加入武汉京剧团后，就没再演，毕竟剧本单薄了点。徐先生还每天带我练打靶子，这个我小时候也打，我不常唱武戏，靶子什么的打得还是不少。看起来拉拉杂杂的，跟徐先生学的都是基础戏，打下了非常深厚的表演功底。

"多找好老师，凡是老师有好的玩意儿，就去跟他学，能学到一点就学一点，学了对你整个都有好处。"这个话，前辈经常说，我都记心里了。一位本名叫赵桐珊、艺名芙蓉草的演员，后来去中国戏曲学校教书了，他的玩意儿特好，俞振飞先生就曾经说过，舞台上就佩服两个人，一个是侯喜瑞，另一个就是芙蓉草，他们看上去不是头路演员，是二路，甚至三路，是给你配戏的演员，但他不管有多少台词，哪怕只有几句，就能够把你整出戏抬起来。俞老说的"佩服"，就是这些东西，能够抓得住观众，能够使整个戏提高一个层次。芙蓉草在《四郎探母》中饰萧太后，给了我极为深刻的印象，他的萧太后非常好。那时他住在中国大戏院后面，我好不容易找到他，就诚心诚意跟他学。其实呢，过去我不演萧太后的，《四郎探母》看了很多，他的不一样，引发了我的兴趣。后来，有一次，上海京剧院成立三十周年活动，本来是李玉茹大姐的萧太后，都安排好了，突然玉茹大姐的先生曹禺先生病重，她必须得赶回北京去，这个年纪的找谁呢，就找了我，虽然我不是京剧院的人,这出戏自个儿又不演的,但是我看了很多。后来我把有一部分合演的、有尚小云尚先生的太后,把他的唱腔拿过来,再根据我的程腔的唱法稍加修改,我就演的这个。他们看了也挺新鲜,因为没有人看过赵先生的,现在国内的青年人和中年人,都没有看过赵先生的这个戏,所以后来在香港回归的庆祝活动,也找我去演萧太后。"番儿与我把班散,后宫去把兵书观。"能够在香港戏台上这般舒心地演唱,真是意外的收获呀。我的继父早就说过,博采众长,百花齐放,他把这样的学习称作"转益多师是汝师",现在回想,道理自明。

费:周长华周先生是老师您学戏路上的一位重要的导师,您能大致介绍一下对周先生的印象吗?

李:1945抗战胜利,我年方十七岁,剧团和一家人从重庆出发,水路沿长江来到上海,一年后在现在的人民大舞台连演了一个月。也在这一年,程砚秋程先生的秋声社,重返阔别四年的上海舞台,他在天蟾剧院连续上演了包括《锁麟囊》、《春闺梦》在内的诸多名剧,正是这个机缘,让我的继父与周先生一见如故,结下友谊,拜了生死之交的把兄弟。后来才有了继父接周长华住到家里,请他给我指教,这一教,就是整三年。

程先生在艺术上发展最高峰的那个时期,正是和周先生合作的阶段,当然,周先生1907年生,比程先生小,是程先生带的他。周先生他智慧,是有大本事的人,与程先生可谓英雄相惜。当年程先生游历欧洲归国,重组他的鸣和社,立马聘周先生为琴师,直至1942年程先生遭汉奸殴打,谢绝舞台隐居京郊务农,周先生才无奈离开鸣和社。周先生在艺术上是特讲究的一个人。他在台上,所有我看的戏,以及唱片也好,录音也罢,他从来都不拉"花"过门,只是在给我灌《女儿心》的西皮慢板唱片时,四句慢板要翻两面,因为有这个预留时间的问题,他拉了一个我感觉比较"花"的过门,也是唯一的一处。在舞台上他从来不拉"花"过门,也从不夺程先生的彩,程先生唱,周先生拉的时候,好多过门都是程先生扔掉的,当间全是垫头。在我的记忆里,周先生喜欢喝点小酒,攒上一碟花生米,配一两个小菜,一边咪酒,一边说戏,讲讲北京老梨园的掌故。

费:周长华先生是程砚秋先生的琴师,艺术造诣又这么了得,给您的帮助,尤其是在程派戏的理解和学习方面,启迪一定很大,晨钟暮鼓,你们师徒相处三年,结成了很深的情谊,能回忆到其间的点点滴滴吗?

李:周先生住在我家里,还有一个原因,颖若馆主盛岫云是他的恋人,谁都知道,盛岫云是名气超大的实业家盛宣怀的宝贝孙女,人称盛五小姐,她是我最要好的闺中密友，是我家的常客，与我感情很好。五小姐程派唱得极好，后来去了台湾，与周先生、高华、章遏云一起被视作台湾程派的代表人物。1997年，我前往香港参加"庆回归京剧大汇演"，盛五小姐专程从台湾赶到香港与我相聚，只为再看一遍我这个老朋友的《锁麟囊》。有这一层关系在，周先生住我家住得很定心。程先生在上海以外的地方演出，一个电报打过来，他就坐飞机去了，程先生的演艺行踪让我知道个一清二楚，大大方便了我到现场观摩程先生的戏。

周先生给我最大的帮助，是他给我传授了程派的私房戏，最大宽度地打开了我通往程派艺术的大门。过去梨园界有种说法——程砚秋太独。这主要是指他的私房戏不肯轻易传人。但是，程先生觉得这样做没有什么不对，他说："中国几千年遗留下来的什么'祖传秘方'、'私藏珍本'等等，不也全是这样独吗？"这话起码能说明，要真正学到程派戏的精髓，得到程砚秋本人亲传直授，难度是非常高的。对程派私房戏的洞悉掌握，除了程先生本人，恐怕很难能有人超越周先生了。破例得到周长华如此居家指教，实在是我的福气。

程派戏，少娱乐，重思想，这一艺术主干，是我对戏文理想化的自我解读。《亡蜀鉴》，写了一个反对她丈夫投降、有正义感的夫人；《春闺梦》，1932的作品，反对内战、军阀混战；《青霜剑》，反对恶霸的；《碧玉簪》，反对旧婚姻。继父对这些戏特别钟爱，反复讲，反复演，熟稔于心胸。过去，常演的是《孔雀东南飞》、《春闺梦》、《碧玉簪》、《锁麟囊》、《王宝钏》等，有十几二十部戏，周先生带教后，就以《荒山泪》、《春闺梦》和《锁麟囊》三部戏为主。把程派戏大著《春闺梦》搬上舞台的，除程砚秋程先生外，我有幸成为第一人，而帮助我首排出这出戏的，就是周先生。

周先生教我戏的那一段时光，他自己主授唱腔，又请来了吴富琴先生，让他教我身段。开始我有点懵，周先生主力拉胡琴的人，怎么能对舞台上的一切了如指掌，程砚秋程先生的词怎么唱，动作怎么做，水袖怎么甩，他全都说得上来。譬如《女儿心》："月里嫦娥自婵娟，冷冷清清碧云边"，"翠袖生寒谁是伴，天下的人情总一般"，两个水袖这般耍，步这般走，都说得太精准了。后来知道他从前是唱老生的，也是个唱戏的人，只是倒了仓才改的拉胡琴，这个经历固然重要，但是依我对先生的理解，还是他太聪明了，他的肚子太宽了，他是我国京剧舞台大幕背后的奇才，我能知道，在艺术上，他是下过大苦功的。听听，他这些经常挂在嘴边的话："要想吃这一行的饭，不刻苦不能够比人家强，他就不可能有一席之地。不光是演员或者是乐队，甚至是打小锣的，一定要有特长。"

他话说得厉害，事更做得好。过去舞台唱戏，没有小话筒大喇叭，完全是靠你的气息，你的嘴皮子的劲头儿，不管这个舞台有多远，你都得送得到，这是对演员的要求。他周先生的胡琴，你看他台上躁不躁？一点都不躁。你坐第一排听这个声音，是这个感觉，你坐末后一排听，周先生的胡琴还是这样的音量。

我灌唱片这事儿，周先生给定了个规矩—灌程先生没灌过的戏。《梅妃》的二黄慢板，就是那一段，周先生让我灌，就是程先生没灌过的。再就是1947年大中华灌的《女儿心》。程先生在天蟾舞台演了《女儿心》，袁世海的巴腊、魏莲芳的江花佑和俞老的小生。周先生跟我说，你就灌这个。人家都不会，程先生又没灌过，我说那好。这个戏是程先生根据晋剧《百花亭》，并参照北京昆剧团《百花赠剑》及《百花点将》改编成的一出新剧，在程先生排演此剧的同时，梅兰芳的弟子李世芳也把晋剧《百花公主》移植为京剧准备上演。李世芳得知程先生也在排演此戏，怕在竞争中不敌程先生，便亲自上门向程先生求计。程先生顾及同行义气，答应李世芳，自己这出《女儿心》不在北京演，给李世芳让道。事后，程先生实践诺言，于1941年11月9日，在上海黄金大戏院首演，而在北京则从未演出过，因此，广大戏迷对这个戏并不熟悉，渴望一见。在这么个背景下，周先生把这个戏教给了我，并亲自为我操琴制唱片，确实起到了出奇制胜的效果。

沙少春沙先生有一个学生在台湾。有一次他来上海，对我说，他找到了周先生在台湾的墓地。我赶忙拜托他，再去拜谒时，替我拍一张照片来。照片很快来了，捧到手里，我一看，周先生逝世时才四十七岁，多好的年纪呀，我的眼泪就滚下来，心里好痛好痛。

费：老师您对程砚秋先生和程派艺术追寻、探索了近七十年，在您艺术生涯的每一个阶段，都没有中断过这种追求的步伐。作为私淑弟子，程砚秋先生的直接影响力是怎样体现的呢？

李：在我还只有十七岁时，有位叫徐慕云的戏剧理论家，他看过我的《武家坡》王宝钏，很喜欢，自告奋勇要带我去见程砚秋程先生。那时程先生正好在上海，就这样，没过几天，就实现了见先生的愿望。能拜见心仪已久的程先生，固然非常开心，先生则通过徐先生的介绍，对我专攻程派戏的努力很是赞赏，看到我本人，并看了我的片断表演，程先生对我印象很好。然而，程先生虽然对我勉励有加，依然没有收我入门的意思，这是很遗憾的事。见到先生，自然有想入门墙的愿望，因为我一直是这么想的，想拜先生为师。他说，从前好多人要拜我为师，我都说不收，我现在要收了你，不是把过去要拜我的人都得罪了吗？先生指的是不收女弟子这件事，他收过的学生，一律都是男的。这个规矩，事先我当然也是知晓的，只是已经走到门下了，不说成不成功，总想着要争取一下。他说，咱不讲究形式，只要是你喜欢的，我也知道的，只要我有工夫，我都会给你说。之后，程先生果然信守承诺，我多次得到程先生的指点，对我的帮助当然是巨大的。

程先生一句"咱不讲究形式"，我是感同身受的。前面说到过，程先生在人民大舞台连演十九场《荒山泪》，有这个底气，就是不换戏，我也就连看十七场，有这个劲头，把这个程派大戏里所有的演出细节都弄个滚瓜烂熟。后来，1955年，我在南京演出，演的也是《荒山泪》，正巧程砚秋程先生在全国各地考察，搞调查研究。先生他一个大艺术家，就坐到台底下，认认真真地看了我一个女孩儿一整出的《荒山泪》。这个事让我对程先生万分敬仰。虽然我们只是私淑的名分，不是正式的师生关系，但是从艺术上、感情上，我对他的尊敬是无以复加的。

又有一年，也是在南京，程先生在中华大戏院演，我和妹妹在南京大戏院演，她唱花旦在头里，我青衣在后面，为看程戏，我跟老板说，跟妹妹说，把我的戏调头里，不管看到多少，对我都是收获。要知道先生每次演出，都会有一些变化，不大，但有，很小的一些变化，我都得全身心投入，去研究，去学习，借鉴、丰富自己的演出，近乎痴迷地执著。

费：同样的作为表演艺术家，程先生还有哪些方面对您有启迪？

李：该学的地方太多了，你比方，演出，先生有多勤勉努力呀。所以，我学程戏，我从不偷懒。1952年，我有过八个月没有停的纪录，沿胶济线，烟台、青岛、济南、张店、博山，连演二百多场，《锁麟囊》、《青霜》、《碧玉簪》、《荒山泪》、《春闺梦》，凡是观众喜欢的，都演。那时的《春闺梦》，全本的，十二场。一定得像先生那么勤奋，多多艺术实践，要提高，就得多演。

费：在您的演艺生涯开始没多久，您就为自己树立了一个"反面教员"，以他为训，演戏做人，时时处处严以律己，他的教训您记了一辈子。很想听您讲讲这件事。

李：他叫赵君玉，早年曾与有"伶界大王"之称的谭鑫培合演过《珠帘寨》、《汾河湾》、《御碑亭》等好几部戏，又与梅兰芳合演过《五花洞》，名声显赫一时。他在上海有过三楼三底大房子，抽鸦片的烟枪上镶的都是纯正的宝石，有钱得很。1944年，我十六岁，在昆明西南大戏院唱戏，正巧遇见贫病交加的赵君玉在那里去世。他是我的前辈艺人，曾经在舞台上那么风光，手里那么有钱，是那么生活富足得意的成功演员。对于初出茅庐、一生想要演戏成名的我，这个印象无疑是极其深刻的，足可警惕一生。就从那天开始，我就自己告诫自己：李蔷华呀李蔷华，此生交给了舞台，就算是干成点什么事儿，也决不能沾染上任何毛病，决不可养成任何不良习惯，不然的话，你的成功之日，就是你的毁灭之时。

也就是在1944年那一年，我和妹妹薇华在四川涪陵唱戏，而文化名人丰子恺也刚好在那里办画展，他看过我的戏，携了女儿丰一吟专门来了我们住宿的旅店，为我和妹妹一人画了一幅小像，我的是大青衣的扮相，妹妹则是小生的行头。丰子恺自称是一个艺术和宗教的信徒，他偏爱京剧，他说是为它的夸张的、象征的、明快的形式，即音乐与扮相所深深吸引。三年之后的1947年，他在杭州写了一篇题为《访梅兰芳》的文章，这样说道："我的看戏的爱好，还是流亡后在四川开始的。有一时我旅居无事，同了我的幼女一吟，每夜去看。"丰先生这些文字可作为佐证。再有好几十年过去，我在天蟾舞台看戏，丰一吟刚巧坐我旁边，看见我还认识我，跟我提起当年丰先生给我画画的事儿。

搞艺术的，都说成名要早，我算是成名很早的幸运儿了。我十四岁挂的是二牌，十五岁就挂头牌了，这是个什么概念呢，当年演出许多折子戏，比如一、二、三、四，一共四出戏，你演的最后一出，这叫大轴，所谓压轴，则是演的倒数第二出。也就是说，我十四岁演压轴戏，十五岁就演大轴戏了，一个人唱戏赚的钱，就可养活一个戏班子了。那天参加上海卫视《陈蓉博客》的访谈节目，被她问到我1949年前，演出一晚上，大概能赚到多少钱，我一时真答不上来。那是用银元、黄金计算的。解放后不久，我加盟武汉京剧团，在国营剧团拿工资，也是相当地高。成名了，欣赏你才情的固然是大多数，但因此带来的烦恼、各方面的侵扰，也是不可小觑的，没有时时对自己的告诫，时时保持警惕，要想顺利走完你的艺术人生，尤其是女孩子，恐怕会是一句空话。

费：对于艺术的高度追求，使老师您获得了高度的精神享受，也给您的生活平添了许多波澜。您的第一段婚姻，结合与分离，颇为传奇独特，却很能体现您的婚姻观和艺术观，这些往事，已经过去半个多世纪了，您的那些看法还是没有变化吗？

李：抗战胜利不久，我与妹妹组合成"蔷薇剧团"，从重庆来到上海，立刻被冠上"抗战小姐"的牌子，演出天天爆满，很快地宣传口号也出来了，叫"抗战小姐，红遍上海滩"。我们姐妹俩的大照片，大报小报都登，大家都称赞说：姐姐漂亮，妹妹也漂亮，姐妹俩放到一起更漂亮。那时候，想要接近我的富家子弟真的数不过来，追得最紧的一个，在外滩拥有一幢大楼，有全国唯一的人造丝厂，还有许多毛纺厂棉纺厂，富有到顶了，但是，他家里已有四房太太。这样的人，怎么说我都不会动心。不单是因为我也富有，不缺钱，根本上对于婚姻爱情，我有一定之规，就是必须得符合"名正言顺"四个字。

旧社会，演员可以富有，梅兰芳梅先生来上海唱一夜戏，回北京够他买下一座四合院，这真不是天方夜谭的事。现实就是这样严酷，你虽然可以富有，虽然能有许多的钱，但是，戏子的出身并没有能给出一个高贵的身份。普天之下，多少女演员，聪明能干漂亮，到头来一个个都做了别人家的小老婆，过寄人篱下的生活。婚姻里，要说缺，缺的是身份。

抱定这么个宗旨，我毫不犹豫地选择了就职于江苏省银行的小职员，他与我同庚，都是二十岁，我未嫁，他未婚，也没有女朋友，从相识到谈婚论嫁，我都没有去过他家。婚礼摆到国际饭店四楼，上海文艺界的人，凡是我能请到的，都被我请来了。别人说我，你这里要昭告天下啊，我嘴上不承认，心里想的确实是这回事，我就是要让大家知道，我李蔷华嫁人，是名正言顺的，只有这样嫁人，才能争得一个自己应得的身份。这件事，我母亲想不通，难免要百般阻挠，无奈我脾气倔，最终她也只好忍了。哪里知道，婚后我息演近两年，也怀上了我的大女儿，在我下了出来登台演戏的决心时，他坚决不从，说出了"你要演戏就离婚"这样决绝的话。他不知道，这句话严重地伤到了我的自尊心。我说唱戏你就跟我离婚，说到底你还是看不起唱戏的，那我跟你结什么婚啊。我别无选择，只能了断婚姻，重上舞台。这个时候，我母亲她老人家又急了，看不懂了，你这是唱的哪一出呀，当初不让你嫁，你偏要嫁，现在要你好好过了，你又偏要离。我没有向她多解释，其实呢，为什么结为什么离，只有我自己心里明镜一般清楚。

虽然你没有问，我也得跟你说说我的第二段婚姻，与马连良高足、名须生关正明的婚姻，近二十四年的婚姻，最终也还是因为感情不合而不得不黯然分开。我们感情别扭时，都还在一个团里工作，我很倔，不说话，不理他。这种情况，最难过的还是儿子，他已经长大了，当然希望自己的父母能和好，但是，这哪里是他能撮合的呢。我们分开后，儿子跟人家说，我的父母亲都是好角儿，是好角儿脾气就大，我爸爸脾气大，我妈妈脾气也大。这个时候，我们孩子是很难再做什么沟通工作的。后来，关正明再婚，儿子在上海买了房子，我就对儿子说：他们俩要是到你屋子里来，以后我就不进你的家门。这话真是我的不对，我跟他是血缘关系，他爸跟他也是呀，我怎么能硬掐着他，说是只许理我不许理他爸呢，这不是太残酷了吗？那时，我和儿子住楼上楼下，他爸来了住他楼上，我就不上楼去，儿子让阿姨给我送面条下来，我一个人在那里，一边挑着吃，一边自个儿想着很是郁闷，好生委屈。

费：咱们聊点轻松点的话题吧。您的儿子关栋天，著名的京剧表演艺术家。有人说，生养了这么个优秀的儿子，是您对京剧界的又一大贡献。您能说一些你们母子间的趣事吗？

李：儿子是不错。不过，我的这个儿子，本来是不想要的，差点儿世界上就没有他这个人了。为什么不想要？年轻呗，积极呗，幼稚呗。那时，想入党，又是团里的主要演员，所以一门心思追求艺术，可不想让私事给干扰了，这个孩子就不想要。不想要怎么办呢，就练功，练靶子没能练下来，拴腰也没把他拴下来，最后就站到家里那张床上，扎着靠，就从床上往下跳，结果吃了不少苦头，也没有能把他给跳下来。这孩子的生命力也真够顽强的。我现在明白了，还是把他给生下来的好，光是从私心上说，他对我很好，很孝顺，我很满足。

关栋天才满十岁，"文化大革命"开始了，对于儿子，我就是一砣铁。因为我们家的条件太好，关栋天的童年是搁蜜罐里的。这是我对孩子严格要求的全部理由。我对他从来不宠不惯，比如吃饭，就是不允许他和大人一桌子吃，我家里有一小桌，几个孩子围在那儿吃，吃完了边上写作业去。从他生下来，到背书包上学，我没有替他做过一件新衣裳。他穿的，都是姐姐穿剩下的衣服，只要没有烂，只要破洞能补，他就得穿。不给他买新衣服，让他穿姐姐的衣服，就是不能惯他。我的三个孩子中，蕾蕾、红红两个是女孩，我对女孩没有这个要求，这叫男女有别。

也许是耳濡目染，也许是天赋，关栋天自幼爱戏，却生不逢时，他天真活泼的童年时，正是我接受审查，最恨唱戏这门艺术时。你想想，一个人，天天被造反派像狗一样，从家里押到京剧团，批斗，示众，斯文扫地，做人的尊严在哪里？我每天都在心里对自己说：这辈子再不唱戏，决不再唱戏。所以我不准儿子唱戏，每每听到他唱戏，我都会竭斯底里发作，不许他唱。

1971年，关栋天十五岁，进入了变声期，我知道，这个年纪，算得上是最重要的关口。幼功练得再好，戏学得再多，仓门过不来，将来就无法挑大梁，成为真正的角儿。他的爸爸关正明是优秀的老生，有着丰富的实践经验，"文革"无戏可演，他就把大量精力投入到带教儿子上来。很显然，所谓庭训，在我儿子身上，没有明确的时间量化，那是无时无刻的，是与家庭的日常生活融为一体的。

没有正式的科班训练，主要还是依靠家学的熏陶，凭着刻苦勤奋，我的这个儿子顽强地迅速成长起来。他于1984年调入上海京剧院，在京剧连台本戏《乾隆下江南》中塑造了乾隆形象，影响广泛；1999年，加盟"国家舞台精品工程"《贞观盛事》剧组，塑造了明君唐太宗，广获好评；后来又有了《廉吏于成龙》等多部戏。人们对他的普遍评价是音色宽亮醇厚，唱腔飘逸自如，被认为是一位天才型演员。近些年他更是作了许多京剧创新方面的努力，成就是有目共睹的。孩儿是娘身上的一块肉，他现在成器，我真的高兴。

费：我们大家都知道，老师您与俞振飞大师的婚姻，是上海文化艺术界的一段佳话。是什么样的生活细节，融化成了俞老漫漫九十二岁人生最快乐的十四年？

李：对不起，这个话，我得纠正一下。我与俞老在一起这十四年，不仅是俞老一个人的愉快，也是我一生中最舒心的日子。我跟俞老，追溯起来，我十九岁的时候就见过他了，是在上海思南路梅兰芳梅先生家里。当时梅先生的弟子李世芳因飞机意外事故离世，为接济李家人生活，梅先生组织了一场义演，找来八名坤旦，联手演出《八演五花洞》，我是其中之一。梅太太福芝芳与俞太太黄蔓耘是牌友，我们这边说戏，他们那边打麻将，俞老穿着长袍子，背个手，站边上看。后来再见是两人合演《铁弓缘》，我的花旦，他的小生。再后来，是在北京的讲习班上了，俞老在台上讲解《游园惊梦》，我是课堂底下一学生。刚开始，是他的一位学生传达的意思，我就给这位学生去信，要他说清楚一点：这是你的意见，还是你老师的想法？是你在给我找饭碗，免谈；是你老师的想法，他年纪大了，需要照顾，我没有二话。紧接着是俞老自己给我来信，再就是安排广州见面。因为俞老的名气太大，万一不成，影响到他声誉。1979年10月，我由妹妹薇华陪同，从武汉去了广州。印象最深的是，才见面，他剥了一颗糖给我吃，腼腆地对我说："这事要是成了的话，委屈你了。"一会儿，他又剥一颗糖给我，又说这句"要是成了，委屈你了"的话。我知道他指的是我们之间的年龄差距，我真没有觉得有什么委屈。起初我只是同情，他这么有才华的艺术家，没儿没女，没有亲情，年纪又大，在"文化大革命"中受了那么多折磨，他有困难，我应该帮帮他，至于产生爱情，那都是后来的事。

说良心话，我是只知道学戏演戏唱戏，不会弄家务的。我儿子知道，老妈生活上自理能力不强的，都是为了俞老重新学起的。俞老脾气很好，很好侍候，你只要给做，他都高兴，没事了，我往那儿一坐，问他："你吃这个吧？"他苏州人，语气糯软："嗯，吃点也好的。"我再问："这个你吃吧。？""嗯，吃点也没什么。"这些细微处，他总是显得特别有修养。长期患病卧床期间，他便秘，需要用甘油每天给他灌肠，这些是我义不容辞要去做的事。你要爱他，就不会嫌脏什么的。这个事，我出差的时候，儿子关栋天没有二话，争着做了，他觉得这不仅仅是脏，还真是个力气活，妈妈年纪也大了，吃不消的，后来连我在家时，他也主动承担了。别人会问，毕竟不是自己的亲生儿子，总是不一样。我和儿子都没啥，倒是俞老，还是有点不好意思，儿子反过来宽慰他，说："这个没有关系的，我是从心底里非常尊敬您的，而且您对我也非常地关心，既然大家生活在一起，做小辈的做这点小事，完全应该。"

儿子说这话，事出有因。他1985年排练《乾隆下江南》，都排过一二个月了，俞老去看，看过后回到家里，就跟我说：这孩子手里缺样东西，缺把扇子。就这么一句，让儿子激动得不行。他跟我说：到底是大师级的老艺术家，他对艺术的理解感受，旁人真是没法比。咱们导演、演员一大堆，这么长时间排下来了，怎么就看不到这问题？清代的戏么，应该有扇子，有个扳指，游牧民族，马背上出身的么。那天看孩子排戏归来，俞老还悄悄跟我说，要给孩子熬点鸡汤，孩子唱戏累。这话传到儿子耳朵里，这么大的汉子眼圈说红就红了，只说了三个字：心真细。

人生的最后阶段，俞老进院四十九天连开了五刀，这个苦，十几、二十几岁的人都受不了的。有一天，我到医院去，护士向我告状，说他还在唱戏，影响到了其他病人。初听到，我是很吃惊的，医生说，这个切开了是漏气的，根本不可能唱戏的，只能说明他的气息有多足。我说他，他说戏瘾上来了怎么办。我说你就等我来了再唱，唱给我听。有一天我去，照例替他喂好饭，擦净嘴巴，他说没事了，那我现在唱了。我说好呀，你唱吧。他果真唱上了。都病成这样还忘情地唱戏，他真是为艺术而生的。

在纪念俞老诞辰109周年的2011年，已经八十三岁的我再度对镜理妆，与蔡正仁携手演《春闺梦》，这次演出，虽说因为过度的劳累，弄伤了一条腿，这真有点舍命的味道，我却是无怨无悔。我的理解是，包括这次演出，发生在我身上这些与俞老相关的往事，都是与我一生喜爱表演艺术、醉心程派一脉相承的，是我舞台生涯的拓展和延伸。因为我是一辈子搞戏的，我就是一个戏迷。我太清楚了，你要造一幢大楼，110层，台北的摩天大厦，150层甚至更高，咱们上海陆家嘴，高楼一幢高过一幢，只要有几十亿、几百亿，一切皆有可能。你把最多的钱花在培养一个俞振飞上，试试去，不可能。培养固然是需要，但不是你想培养就能培养的。

费：采访中，我接触到许多您的朋友、学生，他们都特别欣赏您老的好心态，您这么大年纪了还依然热爱京剧、爱唱程戏，大家为您着迷。您一辈子做专业演员，做到这么高的水平，到老了，会放下架子，热心游走于业余队伍，与方方面面的戏剧爱好者们真心交朋友，乐此不疲，物我两忘。这一切，老师您是怎么做到的？

李：这没有什么好奇怪的，还是那句话，喜欢呀。我这个人，除了会唱戏，什么都不会，退休下来，闲散了，没有其他爱好，不唱戏，和同样爱戏的人在一起，还能有什么更好的事做？你看政协那边春秋社，光部长级人物就有四位，他们做过那么大的干部，现在从领导岗位上下来了，拉琴唱戏，多好的事儿呀，他们需要我，当然得去。我有一段时间每个礼拜都去。还有"人大"票房，也是几个退二线的老干部，那么大热天，唱戏的劲头可让人感动，使你不得不去亲近他们。还有一个，我们京剧院的一些老同事，像张达发，唱花脸的，大家离不开戏，都是因为爱戏聚一起，过健健康康的老年生活。还有叫"君子兰"的一家票房，民间的，她们爱戏的故事可多了，直让人感动。李泽珊，宝钢高级工程师，七十岁了，退下来后，一直和我在一起，十年学了十几部整戏，一句不拉的，可唱整出大戏，唱得非常好。京、沪、汉好多票房都喜欢程派，也有她教的，真是棒。后来她的爱人得食道癌，需要她照顾，她自己身体又不好了，才恋恋不舍地淡出我身边。张娜是专业的，一直跟我在学戏，我要求她真心向业余爱好者学习，学他们的精神。他们这么执著、认真，你专业的，有这么好条件，还怕学不好不成？说真心话，过去，我靠唱戏吃饭，喜欢唱戏，天经地义；现在呢，退休了，依然喜欢，还越来越喜欢。我明白，我不是什么表演艺术家，我就是一个老戏迷。这么多的戏曲爱好者，他们大都有自己的本职工作，又不是靠唱戏吃饭的，能那么喜欢京剧，爱唱程派戏，他们是真心热爱戏曲艺术的，从他们身上，让我看到京剧艺术的希望和未来，我是很欣慰的。

费：孜孜不倦于程派艺术，成就了老师您一生追求艺术的大梦。如果用简单的一段话来概括，您的体会是什么？

李：我相信"性格决定命运"这句话。我的性格，貌似温和，好说话，但实在是很倔的，认准的事，轻易不会调头。说得大一点，就是孟子这句话："我善养吾浩然之气。"我认为我的内心，自有一股浩然之气，我用一生的豁达、仁爱、执著去温暖它、滋养它，让它蓬蓬勃勃地生长了起来。你想想，我这一生，曲曲弯弯，只要在某个弯道，无论是面临巨大诱惑、爱情婚姻、岁月坎坷，只要稍有疏忽大意，便有可能改变掉我的人生走向，我完全有可能一败涂地、一事无成。我庆幸我的选择。不离不弃不动摇，一辈子沉迷于程派艺术。对于我在艺术领域里的收获，有人评价我的艺术特色，说我在音韵上相当讲究，吐字、发声、四声极其准确，听起来外柔内刚、情态动人，说我的演出处处见方圆，规矩而严谨，等等。一切的一切，我当有自知之明。在继承程派的道路上，我是地道的"保守派"，唱、念、做，悉遵师承，从不敢改动程砚秋程先生的艺术，哪怕是一点一滴，我没有那个能力与水平。

但是，不可否认，我是真心喜欢演戏。俞老在时，我的身份是戏校老师，主要精力用来照顾他，有演出也都是晚上。为更好地全身心照顾俞老，单单为了退休，我申请过三次。俞老走后四个年头，我去香港参加"庆回归京剧大汇演"，6月30日一直演到7月1日，全本的《王宝钏》。头一出叫《彩平贵》，彩球抛到薛平贵，抛的叫董圆圆，梅葆玖的学生；下来就是《三击掌》，我演的；再下来就是《投军别窑》，董圆圆的父亲母亲，父亲叫董文华。高更、董锡昌的《武家坡》，刘长瑜、叶少兰的《云空山》，梅葆玖、谭元寿和我大女儿蕾蕾的《大灯殿》，蕾蕾演的戴山公主。第二天是乔南的《锁麟囊》，张火丁的《看嫁妆》和《春秋亭》，我在老中青《锁麟囊》里有一段《三把椅》，椅子一把把高上去，最后上座，最后是《换珠衫》。我提出就演《换珠衫》，他们说不行，太少了，还有《三把椅》，也要我演，下来还要换装，演的第二场。还有《四郎探母》，我演的太后，当时这个太后还是很轰动的，中央台播了好几次。武汉好多学生都看了，打电话来向我道贺。那几天，我那个亢奋呀，与我的年龄根本不相符。不过，这次之后，我便不再演出整台大戏，其间，常有剧团邀我，我总是对他们说：《凤还巢》里的程雪雁，用不着请彩旦，我化好妆，就是活脱脱的程雪雁。意思最清楚不过，《凤还巢》里，雪娥貌美，由青衣扮演；雪雁貌丑，就以彩旦出演。我以雪雁自嘲，谢绝演戏。2011年7月16日，为纪念俞老诞辰109周年，我竟然吃了豹子胆，再度对镜理妆，与蔡正仁携手演《春闺梦》。我自己都不能相信自己，这一年，离自定的再不演出整场大戏之例的1997年，又过去了整整十四个年头，我已是说出来吓人一跳的八十三岁高龄的老者了。

若京剧舞台也有"吉尼斯纪录"一说，我这个恐怕也可算一个了。

为这个纪录，我还真有点得意。

艺术传评

其实，这个世界上，好人多得很。一路走过来，接济我们、帮助我们的人，都是好人。我这一生，别的都不会，就会唱戏，主要也就是唱程砚秋程先生的戏。我每天都在鼓励自己，好好学习，好好唱戏，让程派这块京剧艺术的瑰宝，能够传承下去。

——李蔷华

2006年在徐家汇家中

第一章

云在飘

> 因为是亲生父亲，跟自己有着刀割不断的血缘，所以给我幼小心灵留下的烙印是格外地刻骨铭心，疼到心底最深处。我哥哥被"写"出去，父亲要把我卖去当童养媳，童年的那些事，可以说，整整影响了我的一生。
>
> ——李蔷华

刘天宝药铺

熊省吾脸庞通红打着饱嗝回的家。几乎是从未有过的，没费吹灰之力，居然让他做成了一桩"大事"。人逢"喜事"精神爽，回家之前他就迫不及待地溜进一家酒馆，感觉没有理由不喝上两盅。家门和往常一样，敞开着，孩子们东一个西一个，见了他这个当爹的进屋，像是陌生人一般，不打一声招呼，爬地的照在地上爬，流着鼻涕哭的照哭。他呢，也和往常一样，只当看到的是别人家的孩子，脚步没有停留的意思，径直往里屋走。他急着要见妻子、李蔷华的母亲秦如冰。

上个世纪二三十年代，在武汉，李蔷华刚出生那会儿，说到她们家，甭说别的，只要是提到"刘天宝药铺"，几乎就是无人不知无人不晓。这间药铺实在是源远流长名气太大，即使是在今天，历本都用掉了八九十册，这块武汉药业界的金字招牌，名气依然当当响。2012年武汉市商务局决定对老字号企业给予资金扶持，点到名的，全市拢共也才十九家，什么清光绪十年始的曹祥泰绿豆糕、秋炒毛蟹冬打酥饼的四季美食店、中华烘焙老字号扬子江乳业，都是响当当的，它"刘天宝"就名列其中，只是今非昔比，"药铺"二字被改作"大药房"，分店早已遍布江汉三城。与北京同仁堂、上海同涵春、杭州余庆堂一样，武汉刘天宝也是医药起家的大宅门。

李蔷华亲生父亲熊省吾的母亲，就是"刘天宝药铺"老板的女儿。子随母贵，或者依仗外公家的大牌头，用不着怀疑，不用多费劲，熊省吾应该是会有个锦绣前程的。事实也确实如此，别人也是这么看的，所以后来就有了秦如冰嫁入熊门，与熊省吾结为连理的故事。

秦如冰何许人？单说她的外祖父秦郎斋，当地中医名家，老人家祖上世居山东济南府东阿县，论祖脉，是秦琼秦叔宝的后辈。秦琼者，唐初著名大将也。《隋唐演义》和《说唐》让这位名将家喻户晓，谭鑫培的京剧大篇《当锏卖马》更是舞台戏说秦琼卖马的经典。传统信仰，敬奉门神，驱邪避恶保平安。门神初为《山海经》里的神荼郁垒，元代后，秦琼、尉迟恭成了中国百姓家家户户守护家院的门神，顶天立地，雄风悍然。与"门神"秦琼攀上了血缘，当是货真价实的"名门"之后了。

武汉人眼里，秦熊之好，无疑是门当户对。遥想当年，"很白很美"的秦如冰新嫁熊门大少爷熊省吾，大红喜事，真正是风光无限，其排场之阔，在当地掀起了不小的轰动，看热闹的人群，把沿途三四条街，挤得满满的，差不多惊动了半座江城。更有乡野琐言记载，当时开大药房的外祖父，大喜过望，手一甩，就让手下给县衙送去整整三千元现大洋。捐出来这么一大笔钱，竟然轻描淡写地说，是给宝贝女儿壮壮行色，让漫街的普遍百姓唏嘘不已。哪里知道，时任县太爷的胆子奇小，钱还未捂热，就又让人转送回药铺子，说是这个数目太大了，没有哪个豹子胆，敢把这么一笔巨款吞下肚去！这位一样习惯捞钱贪物的小吏，对这笔天外飞来的捐款，竟不知如何处理，唯一想到的还是贪污，只是数额远远超出了他的游戏规则。

华丽婚礼，转瞬即逝，紧跟着便是柴米油盐酱醋茶的日常生活。妻子秦如冰是有准备的，尽管做姑娘的时候也是金枝玉叶，过的千金小姐生活，嫁为人妇后，角色转换，毫不马虎，洒扫庭除，敬奉公婆，操持家务，样样做得有板有眼，滴水不漏。丈夫熊省吾就不一样了，饭来张口，衣来伸手，白天逛马路，夜里搓麻将，自幼养成的少爷脾气，几无改观。显然，整个人虽已自立门户，离开大宅门的庇护，魂还留在"刘天宝药铺"老板的身边，像是永远断不了奶的孩子。

最先看不下去的是婆婆。这位刘天宝的嫡生女儿，不满意儿子的作派，看不下去，又无可奈何，就盯住媳妇发急：不能放任呢，儿子交给你了，得拿出点威势来，不然，有你吃苦头的时候。

秦如冰倒是有耐心，笑对公婆：您老疼爱，从小宠惯的，多少年养成的脾气了，说声改，哪里是一时三刻的事？闹不成，逼急了会适得其反呢。这话说得通情达理，本是他们夫妻间事了，做长辈的有个提醒足矣。婆婆开明，叹息一声，再没言语。

妻子明显是轻看了问题的严重性。

月挂树梢，万籁俱静。说到一家开销，养家糊口，妻子轻声细气向丈夫说到钱财的事,不说不打紧,才提了个头,熊省吾便来了劲,把颗眼珠子瞪到铜铃般大,直冒火气,话音是明显高了:结婚收得的份子钱,不是还没花完么?你娘家的陪嫁呢,金器手饰古玩字画,填在箱子底能管个屁用?当出去、卖出去,不都是铜钿?急什么急!

一个浑身是理的男人。

妻子也睁大了眼睛,有湿润、有晶莹在慢慢沁出。在娘家时,不止一次听小姐妹说过,男人,尤其是大户人家出身的男人,遇上个养不大的,做女人的,得有足够的耐心,给他一点时间,让他玩个够,自然会收心,调转身子,成熟起来的。起初,秦如冰把焦急藏在心里,梦想着等到这一天的。无奈一日连一日,丈夫就是不学无术,东游西荡,无所事事,不思进取,仿佛生来就是好逸恶劳的胚子。在度过了始初炫目的表面富足之后,不出几年,就捉襟见肘,坐吃山空,显现败相。

很快地,这个家有了四个孩子。1927年生了老大,是儿子,取名海海;老二老三是女儿,大女儿李蔷华,当初取名瑞云,1929年生,1931年生小女儿叫瑞霞,即后来的薇华,一片海两朵云下面,还有个小弟叫金海,1933年所生。很显然,这么个家,多么希望有根顶梁柱,能够挺身而出撑持起来。按常理,责无旁贷,生父就应该是挑重担的那个人。

可惜了,熊省吾身为人夫人父,整日吊儿郎当歪着身子,什么事都懒得做,都不会做。这个时候,有能力且有名气的外祖父过世了,同样名门望族的祖父家里,也一天不如一天,硬撑门面的祖母万分焦急,又束手无策,被活活气成了"鼓胀病"(肝腹水的民间俗称),过不多久就永远地离开了人世。偌大一宅族,家道中落,败相显露,其为继者一天天沉沦下去,生生把自己塑成了一个标标准准的纨绔子弟。一个家,终于被拖进入不敷出、风雨飘摇的田地。

败家败到势如山倒。不像父亲的父亲经常不回家,偶尔回家就怄气,不是打孩子,就是与妻子吵嘴,弄得鸡飞狗跳,一家人没有安生的日子。这几天经别人牵线,竟然与贩卖女童的人贩子勾搭上,"为父不仁"到谋划出卖亲生女儿的勾当。讨价还价,算是有了令他这个卖主满意的结果,一拍两响,讲定当晚就一手交钱一手把女儿交出去。

熊省吾出现时,秦如冰在灶间做饭。冲着满屋子的烟蒸气,男人开口就是:谈成了。

秦如冰看他满脸喜气,莫名其妙。久未好好说话,近日更是不见人影。熊省吾按捺不住,向妻子摊牌:瑞云让我卖出去了。

卖女儿?!怎么不跟我商量?

商量?笑话,商量还能做得成这笔买卖!

母亲一下子接不上话说，人已呆若木鸡，泪水夺眶而出，哇地一声大哭起来。男人是早有准备的，冷静地继续说自己的：是做童养媳的，人家不远，姓潘，男人在海关做的，家境不会差。

说不出话的女人只是一个劲儿地摇手，但哪里制止得住鬼迷心窍亢奋着的男人：潘家很大方的，谈妥两百块银元，我们今天晚上把瑞云交给他们，这笔钱就会一分不少地给我们，不会有半点含糊的。做父亲的本事沦丧至卖女儿的熊省吾，竟恬不知耻，洋洋得意地对妻子说：两百块大洋有多大，你晓不晓得？

不知道在什么时候，四个孩子一个不落都进了屋，本能地簇拥到哭成泪人的妈妈身边，一齐哭出声来。秦如冰下意识地从孩子堆里扒拉出李蔷华，把六岁还不到的大女儿搂抱在怀里，生怕有人随时会抢走，双手扣得死紧死紧。妈妈的"特殊照顾"，让机灵的小蔷华立刻有所悟知，她反身吊住妈妈的脖子，嘴里声嘶力竭地呼唤着妈妈，怎么也不肯松手。

心窝让熊省吾锥子一样的话猛戳，秦如冰浑身筛糠一般发抖，女儿的哭叫更是让她痛不欲生。她果敢地抹去泪，大声嚷道：两百块大洋有多大，我不晓得，也不需要晓得，两千块、两万块都不稀罕！气疯了的母亲有了天不怕地不怕的勇气：不错，女儿是我的，也是你的，你有权力做主，我也有一半的主可做。现在，我要你先做一件事去！

熊省吾眼神惶惑：做什么事？

秦如冰语可截铁：去给我买口棺材来，用你买的棺材来换走我的女儿！

说这话时的母亲，脸孔几近变形，成了一头被激怒的狮子，仿佛随时会扑向面前的男人，将他撕裂生吞。这个时候，熊省吾架脖子上的一颗脑袋，低下去、低下去，似已失去抬起来的力气。

一双母亲的眼睛，熊省吾没有勇气正视。

说话间是1934年年初，离李蔷华虚岁六岁生日还有三个月。人说少不更事。被父亲狠心卖出，又被母亲奋身夺回，六岁的小蔷华，经历了天大的人生跌宕。

汉口新市场

一份高调开始的婚姻，没等过上几年太平日子，就蒙上了生父图谋卖掉亲生骨肉的浓重的阴影。原本对这份婚姻抱有幻想的秦如冰彻底清醒了过来。随着长辈陆续离世，名门望族成了一纸空文，丈夫堕落到不可救药的地步，这个世上还有谁的肩头可依靠？她想明白了，撑持这个家，求人不如求己。

这个己，怎么求？

走投无路的秦如冰，唯一能想到的就是上舞台，靠唱戏来赚钱养家糊口。她理性地掂量过，自己没其他本事，做姑娘时，天性活泼、喜欢闹猛，有事没事好赶戏场子，打小养成的喜好，就是听曲看戏、唱歌哼曲、蹦蹦跳跳。当然，都是纯粹小姑娘的开心玩乐而已，哪里晓得日后成家，会挑这么重的担子，被严酷的生活逼迫着，要拿这点爱好，当作养家糊口的本领呢！弄什么样式，很快也确定了，鲁人的后代，迈进舞台艺术的门槛最近的道，只能是踏踏实实表演山东大鼓。

到号称华中最大的娱乐场新市场唱山东大鼓讨生活，成了武汉生武汉长的秦如冰最热烈的向往。

武汉市汉江区中山大道老民众乐园，过去叫汉口新市场，在六渡桥附近。建于1917年至1919年，由时任湖北督军王占元与人合股投资，占地一万两千多平方米，这块地方，解放前与天津劝业场、上海大世界并称为中华三大娱乐场。1927年，武汉国民政府将新市场作为逆产没收，改为"中央人民俱乐部"，由血花剧社负责人李之龙任主任，故又名血花世界，成为重要的群众集会场所。年代更迭，这地方，被人称为半部武汉文艺史，也是汉口近代历史的一个生动缩影。秦如冰披挂上阵时，正值抗战烽烟四起，新市场如日中天，刘少奇、周恩来、李立三、瞿秋白、董必武、向忠发、宋庆龄、邓演达、何香凝这样的人物在这里作过演讲，举办过活动；梅兰芳在这里上演经典剧目《霸王别姬》，程砚秋、盖叫天父子及李万春将此地作为首登武汉演出的平台，轮番亮相；金山、王莹在这儿连演数场《放下你的鞭子》，冼星海在这里的纪念堂指挥音乐会，大编剧洪琛的力作《新天仙配》更是在此天天上演。这地方本就令人眼花缭乱，这个时候更是目不暇接。新市场真是名不虚传，那时，有三个剧场可同时上演京剧、汉剧、话剧，有个名为雍和厅的地方，演的是杂技、武术，光是说书的专门场所就有三处。演大鼓、双簧、快书，还有变魔术、放电影、飞车走壁，南腔北调吹拉弹唱，千姿百态应有尽有。

让一根养家活命的无情鞭子抽打着，秦如冰小心翼翼地进入新市场。仿佛沧海一粟，她的演出场面，极小，幸而近旁有"郭沫若某月某日演讲"、"盖叫天某月某日大驾光临"这样的广告牌竖立，随风飘呀荡的，靠这些东西借力，才算是有了点颇为壮观的底色。

每天，眼前会站乌压压一片人，不多，也不能算少。跟大楼里梅兰芳《霸王别姬》的场子比，不可同日而语，那里本身就是正规剧场，台高，场面宽，人气之旺可以用上"水泄不通"来形容。当然跟近旁唱豫剧演双簧什么的地方比，开间一样的狭窄，台面一般般矮矬，连灯光、观众的穿着都差不离的，显然处于同一级别的公演场子，但那阵势，可怜见了，三三两两几堆人显得冷清之至。有心人作过统计，那边（豫剧、双簧）最旺时，也及不到这边清淡时的五成。所谓"人气"的级别、档次，就又拉得很开。

身量纤弱的秦如冰，通常是一个人站到台中央。她这样孤独无援地站在舞台上，衬托得小舞台无比地宽敞。一般选的都是彼时观众喜爱的曲目如《包公案》之类，说、唱、道、白，件件到位。看她人，相貌身段都好，听她唱，富有板式变化，济南腔特别纯正。母亲的这个最初的决定，日后被证明是非常明智的。山东大鼓虽然早在明末就形成，是中国北方现存最早的曲艺鼓书，但它发源于鲁西北农村，最初是敲击犁铧碎片唱农歌的自由吟唱形式，非常接地气。用的是山东方言，唱的是当地的民歌小调，这在至少有一半山东血缘的秦叔宝后人秦如冰这里，语言环境、文化熏染都是得天独厚的强项，相对能便捷地入门。

秦如冰所在的曲艺队，为栽培这点相对热闹的市场，也是花了一番心血的。看过去，尽管身前只有矮脚鼓，一旁也有弹三弦拉二胡的伴奏，总体场面，给人感觉还是孤零零的。伴以险恶的社会环境，一个女子孤立舞台的场面格外令人频生怜惜之情，她越是起劲地演唱，这种怜惜的情绪越会滋长蔓延，迷漫在整座场子，久久不散。

实情之不堪，远不止于此。

一些经常来走动的老观众用不着刻意去搜寻，都知道，只要这个白净的女子登台演出，幕后，或者附近，或者观众群的某个边缘，一定畏缩着衣衫褴褛的孩子，不是一个，而是一堆。显然是老大的那一个，怀里抱着一个最小的，不大不小的两个女孩站得东倒西歪的，无依无靠的样子，好生软弱。几个孩子面相清一色，菜色。望着他们，谁都会涌起怜悯和同情。他们都是台上唱大鼓演员的亲生骨肉。小兔子一般可怜的目光，闪东闪西，一刻也没有离开过舞台，那里有个辛辛苦苦演戏的妈妈。

老观众心照不宣。她的每一句唱词每一个招式，都直接关系到这几个孩子的生存，观众给的一点戏票钱，就是她和孩子们的食粮、盛夏遮丑的单衫和冬夜不可或缺的薄棉被。久而久之，看秦如冰演出，观众有了一种习惯，看一会儿妈妈的演出，会生出个间隙，仿佛记起了什么，别转头，眼神流露同情的光亮，有意无意，点射一群可怜弱小的孩子。

小蔷华瑞云就插在他们中间。

台上天天有各式各样的戏班子轮番演出，台下天天有那么多观众起劲的捧场，武汉城里还有比新市场更有意思的地方吗！丰富多彩的文娱，盖住了缺吃少穿的困顿。每天看戏，什么戏都看，很新鲜，站在曲艺演出台前，近看挤来挤去的观众，躲闪在京剧场子外，远闻响彻云天的唱腔。年纪小体会不了人世的悲欢离合，却可以为舞台上上演的情节喜怒哀乐，凭借女孩儿的天性，跟着看到的、听到的，依样画葫芦，哼曲儿、动身段，自自然然，无拘无束。启蒙也好，入门也罢，正是所说的潜移默化。往往是，这几天迷上了京剧，水袖、唱腔、武功，跟着有板有眼地唱上一段了，又让新来的豫剧班子闪花了眼，耳濡目染都是河南戏，数日上月地迷上"花木兰"。正来劲着呢，话剧场子又来勾引人了，小蔷华跟在成年人的屁股后面，一句一句台词才听分明，产生一试京片道白的臆想。

到新市场看戏的孩子不少，有钱人家的，自有爹妈宠，有下人侍候，没钱的，至少也会拿个板凳摇个蒲扇什么的，开开心心享福来的。小蔷华几个，跟娘一起出的家门，到了戏场，娘自顾自化妆演出去了，留下孤零零的几个孩子，得抱成团，不敢走散，听到好戏，台上台下闹着，很诱惑，又不得独自离开，只有忍受煎熬，竖起耳朵听，熟稔的曲调，通俗的词句，一样能听得津津有味。

新市场看过那么多演员，男的女的，好看的难看的，最令女儿佩服的还是妈妈。唱大鼓的初衷是讨生活，秦如冰是经人介绍加入曲艺队的，左手执鼓桶，右手执半月形梨花片，没有正经拜师学过，《包公案》、《海公案》、《西厢记》、《长坂坡》，这么多戏，就靠死记硬背，戏场子里看别人演，偷偷地学以致用。秦如冰就有这个本领，新排一部戏，有些地方，前一天夜里还结结巴巴呢，女儿都替她着急，第二天，拖着四个孩子出门，登台演出，竟然顺顺溜溜的。小蔷华明白，娘的本事，是一家人的命根子，吃着这顿饭，下一顿的饭钱，还在妈妈嘴巴里唱着。

什么时候，自己也能和娘一样呢，唱戏，养家糊口？穷困人家有志气的孩子，小小年纪会有这点想法，是自然的。

哥哥"写"给了别人

1934年过到岁尾，还没有摆脱生存困境的家里，又发生了一件事情：属兔的哥哥被"写"给了别人，消息传进大妹瑞云的耳朵，已经是最后一天了，第二天一早哥哥就得走人。

旧时，梨园界都懂，这个"写"，就是演出团体或个人，和学艺儿童签下的一纸约定，性质如同生死约定。对于父母家长，孩子一旦"写"给了别人，是生是死，都没有了过问的权力，很欠公正很残酷的一种签约方式，孩子有个三长两短，对方是没有任何责任的。哥哥被"写"给的这个别人，不是个人，是上海杂技团的前身、一个名为"潘玉珍童子团"的杂技演出队，当时这个团正在武汉演出。

这些东西，瑞云不懂。

刚听说这件事，瑞云就万分焦急地到处找妈妈。这怎么可以呢，这不是把哥哥给"卖"了么？哥哥海海仅仅比她瑞云大两岁，还只是个八岁的娃娃，妈妈说的，手心手背都是她的心头肉，年初那一次，妈妈不让卖我，拼性命把我给保护了下来，哥哥怎么能"卖"？妈妈也一定不会答应卖哥哥的。

找到妈妈时，妈妈和海海哥哥在一起，正和他在说着什么。小蕾华好激动，冲上前去，张手抱着哥哥，还把头顶住他胸口，囔囔着说：我不让卖哥哥，妈妈会让哥哥永远跟我们在一起的。妈妈你说对吗？

秦如冰先是一惊，待明白过来后，放下海海，平静地跟女儿正经地面对面说话：乖女儿说得对，妈妈不会答应卖哥哥，你们几个，哪个都是妈妈的宝贝，妈妈都不卖，再苦再难，妈妈都会和宝贝们在一起，永远不分离。

女儿疑惑：哥哥明天不走啦？

走呀，哥哥明天就去上海。妈妈没有改口。

看到女儿脸上身上的紧张焦虑没有消褪，秦如冰换一种方式问女儿：妈妈为什么唱大鼓呀？女儿懂，接口快：唱大鼓挣钱买米烧饭剪布做衣！妈妈再问：以后瑞云长大了做什么，是跟妈妈一样唱戏、演戏？见女儿似懂非懂不住地点头，妈妈接着说：哥哥呢，哥哥做什么？哥哥和瑞云一样，唱戏演戏，挣钱养家。受妈妈启发，小蕾华瑞云抢着说，说得风快，又准确又完整。妈妈开心地点头赞许，都笑出声来了。她一边抚摸着女儿的头，一边讲哥哥被"写"给别人的道理：唱戏演角色都是需要有本事的，好多好多的大本事。看看咱们新市场每次到场的戏班子，那些光鲜的角色，耀眼的名角儿，哪个不是浑身上下都是本事的呀？

女儿认真地沉思，天真地发问：他们的本事都是从哪里来的呀？秦如冰两眼放光，动情地抓住女儿的双臂，把她搂到怀里：小脑袋会想事了，这问题问得太好啦。接着秦如冰就把哥哥被"写"和学本领的关系，对女儿说了个一清二楚。

记得那个哥哥临走的前夜，妈妈是讲了许多话的，有许多重复，难免唠叨，难免有许多听不懂，但中心意思还是很清楚：选择了学戏的行当，无论是哪个剧种，学本领长知识是最重要的，要准备着吃苦受累，要学会动脑子。妈妈说，学艺的路很长很长，她不会跟着孩子一辈子的，后面的路得自己一步一步去走，能走多远走多远。有几句她认为特别重要的话，反复叮咛：哥哥远远离家，白纸黑字"写"给人家，会吃不少苦，但是没有办法，学本事的路径有许多条，他做哥哥的，得走这一条路。

瑞云听得认真，脑子也在转：我呢，我做妹妹的，该走哪一条呢？妈妈摇摇头，说：你是女孩子，不走哥哥这条路。秦如冰心里清楚，宝贝儿子这一"写"，合同规定就是整整八年，毫不留情，起码八年里头母子见不上面，兄妹们不得团聚，儿子刚满八岁，这意味着，海海十六岁之前，将再也无法获得家庭的温暖、妈妈的宠爱。儿子的命在人家手里，娘管不上，跑没了病亡了打死了都不论的。

女孩儿走什么路呢，娘没有说，女儿也不再问。其实秦如冰心里是有盘算的，只是还不成熟，不便说。

后来瑞云知道，哥哥被"写"，都是妈妈一手促成的，是她亲自牵的线，托了人，送过礼，对别人千恩万谢说不少好话，才被"写"成的。留在家里的弟妹们，虽然都非常舍不得哥哥的离开，但经过母亲的反复解释，也算是明白了道理。在上海再见到哥哥时，早已是超出了这个"写"定的年份。

哥哥被"写"走后，小蔷华好像突然长大了不少，帮助妈妈做事更加积极主动了，有了一点点空，还会缠着妈妈学戏，忙累的妈妈，只要还有力气，也很愿意教孩子，偶尔看到孩子一个动作很美很意外，就特别高兴。一次新市场演完夜场戏归来，皓月当空，白莲花般的云朵飘浮，路上如水银洒地，微泛亮光，小蔷华耳畔如闻鼓点琴声鸣，禁不住朗声高唱起来，把个秦如冰吓个不轻：小姑娘这是唱的《木兰从军》，梅兰芳先生的腔呢。

哥哥远走上海，父亲久不露面，抗日的烽火燃遍了整个中华大地，黎民百姓处在水深火热之中。1937年秋天，母亲在得到朋友指点帮助后，带着小瑞云等三个孩子，首次离开家乡武汉，逆长江而上，投石问路一般，去山城重庆。

飘泊生涯

清晨，江轮靠拢朝天门码头，满舱的旅客们争先恐后地涌上岸去，混乱无序。其中就有李蔷华他们一家。那一年，瑞云九岁，妹妹六岁，小弟金海只有三岁。这一家，活生生是汪洋里飘零的一条破船，走在几乎是流浪一般的路上。九岁的姐姐得负责照顾六岁的妹妹，妈妈抱着小弟，还得招呼好一堆破破乱乱的行李。

雾都重庆，厚重浓密的晨雾正在大发淫威，把一道道上坡的石阶路死死封住。脚底下的路和未来的路一样迷惘，这一脚提起，就不知道下一脚该落在何处方能够妥帖。

通过妈妈所在新市场曲艺队的介绍，小瑞云一家到重庆是找老师学戏来的，不过，不是曲艺是京戏。妈妈和老师商量：武汉的朋友有个建议的，让瑞云学老生。重庆的老师很爽快地答应：成，就学老生。真是非常时期，什么过门也没有，今天上午到，当天下午就参加排练。新市场打下的底子，加上灵气、悟性，还有妈妈饭后睡前的调教，这时都显出作用了，老师只是稍加指点，小瑞云就像模像样地又演又唱，看得一旁的人目瞪口呆。

正值抗战前期，狼烟四起，重庆是大后方的西南重镇，从四面八方逃来避难的人蜂拥而至，这么多人聚集在这里，人心慌乱又无所事事，战乱打破了一切程序，人们做什么都没有心思,看戏听书的人暴涨,戏曲市场相当红火,演艺界显现出不可思议的乱世盛相。

妈妈带着自己的一班娃娃,初来乍到,一心求进。李蔷华入行京剧,原定的那个学老生的打算只能是一厢情愿,现实里,哪还有明确的角色可供自己挑挑拣拣,老生、老旦、花旦、刀马旦,碰上什么学什么。这实在也难怪秦如冰,她每天得忙演出,很少有时间能照顾到孩子的学习。好在几个孩子,特别是小瑞云,天生好学,哪里有好戏,会到处钻着去看,欣赏、观摩、模仿,是幼小的蔷华最为重要的学习手段。

重庆的京剧舞台,那时候,最为活跃的,就数赵荣琛的大风剧社。赵荣琛是一位演程派的高手,有"重庆程砚秋"之称。李蔷华不知道这些,只是听大人们这么说,觉得好奇,暗暗留了心,终于等到机会,看了大风剧社赵荣琛赵先生的一场戏。那天,她看得很用心,很投入,通过赵荣琛的表演,她被深深吸引,感觉程派戏果然很大气,浑身有一种被震撼的力量,幼小的心灵一下子被打动。

这一年,小蔷华瑞云十二岁,是她第一次接触程派的戏,心里留下了极其深刻的印象。重庆那几年,小小年纪的瑞云,练功、唱戏、吊嗓子,每天除了睡觉吃饭,排练、演出,演出、排练,成了日常生活的全部。见天在这些京剧的各种角色里穿行,许多曲目边学边演供不应求,日场连夜场,还不间断地给有钱人家去唱堂会,演出是出乎意料地红火。尽管如此,观看过的赵荣琛先生演绎的程派戏,她始终记得分明。

收入跟着可观起来。家里不仅温饱得到解决,母亲手头开始有了一点积蓄,家徒四壁的穷相有了改观,日子渐渐宽裕起来。尤其是在平常生活里,戏剧舞台上,看着女儿雨后春笋般,迅速成熟长进,在京剧艺术的天地里,学、演,一天一个样,母亲说不出有多高兴,像弓弦般绷紧的身子有了片刻松弛,心跟着活动了起来。

这一天,母亲没有像平时一样急急地张罗演出的事,而是将他们姐弟三个叫到一起,说要带他们去照相馆,郑重其事地去拍一张合影。那时候,拍照是一件奢侈的事,寻常人家没有大事,是不会轻易上照相馆这种地方去花"冤枉钱"的。一家子出门路上,瑞云和妹妹弟弟不约而同都有些兴奋,母亲脸红红的,流露的也是喜气。瑞云毕竟大几岁,知道揣摩大人的心思。

我知道为什么拍照片了。

为什么呀?小妹小弟是真不清楚。

大女儿不说,眼睛看妈妈:妈妈说,为什么呀?

秦如冰先不在意,走到照相馆门口了,三个孩子都停了步,仰头看自己,她才

全家福，1937年摄于重庆。从左至右为李薇华、李蕾华、秦如冰和李金海

缓过神来，告诉他们：拍照片，寄武汉。妈妈是要通过寄照片，告诉远在武汉的孩子们的父亲，他们已在重庆站住脚跟，让他看到他们的生活还挺不错，让他放心，希望他能早日过来重庆，跟他们一起生活。

按常理，同样内容的信，首先应该是男人写给女人的。你的女人，是带着你们共同的三个骨血，离开家乡外出讨生活的，在如此兵荒马乱的年代，一个弱女子，凭藉独自一个人的力量，拖着三个未成年的孩子，不仅要养活一家人，还要让他们能学到本领，自食其力，这是一件何等艰辛的事。可是他没有，也料定他是不会写的。你不写，女人写，传递的信息是：不计前隙，诚意相邀。

好像不是她性格，又正是她的性格。

秦如冰确实不是一般的女人。她了解自己的男人，几近骨子：幻想他来助自己挑这副家庭的重担，早已经领教，那是与虎谋皮。她看重的，是他父亲的身份，孩子太小，需要父爱，为了孩子，可以委曲求全。有一天，正往戏场赶路，不见女儿跟上，她扭身找去，瑞云站定路旁，望着别人一家子，父母与仨孩子，和瑞云一般大的女孩跨在父亲肩头，两个男孩和妈妈举手乱抓，父亲躲躲闪闪，小姑娘咯咯咯笑，疯乐，在玩"老鹰捉小鸡"呢。瑞云目光痴痴的，说不出的羡慕。这一幕，揪住秦如冰的心。

谁负的谁，不值得计较，为了孩子，做娘的什么都能忍。那天在重庆照相馆拍下的珍贵照片，今天看来，依然令人动容：端庄的妈妈，懂事的大女儿，流露天真笑容的妹妹，和更加天真的小弟弟。面对这么可爱的一家子，纵然再铁石心肠的人，谅也不敢说出一个"不"字来。

几天后，这张照片冲洗出来了，妈妈急切地要把它装入信封，打算出门去寄走，被瑞云牵住了衣角：妈妈，光寄照片呐？秦如冰望望女儿，一脸奇怪。瑞云说：得给爸爸寄钱呀，还不能少寄，得寄足呢。妈妈想问，突然明白了女儿的心思，一迭声说：知道了知道了，寄足寄足。寄照片时，随信寄出的钞票，早已超出了武汉到重庆的船票钱。几天后，熊省吾的回信就来了，几乎是一天都没有耽误，信里告诉家人，会搭哪一天的什么时候的哪班船来，讲得清清楚楚。尽管话不多，字里行间，还是传达了希望早日能和家人聚首的心愿。

那些日子，重庆这边，《武家坡》、《三把椅》、《朱痕记》，轮番上演，还排得特别满，日场连夜场，没有一天脱空。人很累，夜里到家，倒头便睡。尽管如此，瑞云没有一天不在盼着父亲的，离开他通报到达的日子越近，心情越是迫切。

可是，到了讲定的那天，人没有等到，报上的消息来得飞快，说是那班船被日本鬼子的飞机给炸烂，船上的人无一生还，还配有硝烟弥漫江面的惨烈照片。得到这个消息，一家人哭了一场，都以为父亲死掉了，再也见不着他了。

这里用了"以为"二字，当然是说事实上并非如此。

紧跟着，重庆大后方演出市场的繁荣期，在日本人越来越猖狂的进攻中宣告结束，更大的伤痛摆到了面前，戏是没法唱了。

中国抗日战争期间，日本对战时陪都重庆，进行了长达五年半的轰炸。据不完全统计，1938年2月1至1943年8月，日本轰炸重庆218次，出动9000多架次飞机，投弹11500枚，死亡万人以上。李蔷华随母在重庆唱戏讨生活那些年，亲历了这场灾难，和祖国母亲一同体味受蹂躏的痛苦。

1939年5月3日、4日两天，有资料称之为"大轰炸下的悲情重庆"，小瑞云目睹了炸弹所能引起的一切恐怖和残忍：天空日本飞机飞得很低，飞行员的样子都看得清楚，老百姓像兔子一样四处乱跑躲轰炸，有无数挤不进防空洞的人，街上到处是尸体、血淋淋的；到处是肆虐的火海，火海连火海，那些古老的街巷、楼房被迅速吞噬，重庆几乎被炸成了一片废墟。许多当地人都成了无家可归的流浪者，更何况无亲无戚的"武汉一家人"！没地方住，没东西吃，李蔷华一家的生活被推到了绝望的边缘。

风餐露宿的日子

那天,是夜,江畔,月黑风高。平时行驶在嘉陵江上的轮渡早已没有了踪影,他们一家人,苦苦巴巴地提着、背着家当,好容易招呼到了一条江上惯见的小划子,平时谁敢上?晃荡幅度非常吓人,借你颗豹子胆也不敢。这当口,所有的人胆子都增大了,没待停稳,都争先恐后地往上挤,人都还没有坐定呢,小划子就蹿离了江堤。

小划子缓缓地驶往夜的深处,乌黑一片,让人胆战心惊。江上静得可怕,船里没有一个人说话,连咳嗽声都是压抑着的,灌满耳朵的是激浪拍打船板的声音,有力而沉重。瑞云把妹妹和弟弟揽在怀里,自己在颤抖,弟妹们也在颤抖,三姐弟抱一团抖个不停。

行程过半,有人惊呼,方才发现,这条划子里已经灌了满满半舱的水,每个人的大半个身子都已浸泡于江水,大家竟然毫无知觉!惊呼过后,谁也没有接口,还是不敢声张,瑞云他们几个继续半蹲半倚在船舷,你看我,我看你,相对无言,护卫行李的妈妈,偶尔会腾出只手来,捏一把儿女的臂膀,仿佛传递到一点力气。

迷迷糊糊间,突然,船身猛然减速,一船人集体向前猛撞,只听到有人喊:江津到啦!大家才发现船已靠岸,浑浊的江水退到了身后,天已朦胧发亮。

江津,以地处长江要津而得名,离重庆五十里左右,虽不太远,却因为必须水路过江,显得很不方便。离开重庆市区,甫入江津地盘,那真是两眼一抹黑,全是陌生面孔,脚提起来,都不知道该往哪个方向迈出去。彻底的人生地不熟。上岸后,问清了方向,才走了没多久,却碰上大队的人脚步紧紧地逆流而来,不由得心慌意乱地停下来。小瑞云一脸的懵懂:他们怎么反向跑,是不是我们走错了道呢?

就在重庆被大轰炸那会儿,也是这么地乱成一气的夜晚,她们一家人,没头苍蝇一样到处乱窜。碰上一个人,红红脸,神色十分兴奋:小姑娘,愣着干嘛,快转回,喝粥去,那边,孙夫人宋庆龄在路边设了摊,正在向难民施粥呢。孙夫人施粥?小瑞云还是有点听不大明白。那人说:都施舍一个礼拜了,你也可以去要碗热粥喝呀。莫非刚才看到的排着长长的队伍就是么,那个热气腾腾的粥摊前,确有一位举止典雅的女子,在顾前顾后地忙活。果真是孙中山先生的夫人么?可惜小瑞云年幼,认不得"国母"。

舞台当演员的,你可以不认得别人,却有特别多的人认识你。那天,就在那样纷乱的人流中,一位中等个头的男子,一下子就把他们一家给认了出来,指着秦如冰说:你不是唱山东大鼓的女子么?原来他是跑码头的江津人,到过武汉新市场,看过母亲的戏。三言两语，了解他们的窘境后，男子立刻热情地说：正好我家在盖一幢房子，还没有完全盖好，墙壁的青砖都已经砌好，不过还没有来得及上粉，泥巴地是潮湿稀烂的，有一条好处是屋顶的瓦已经全都盖上，雨是一定淋不上的，你们若能将就，就先过去住，先住下，慢慢再弄舒意。对于举目无亲的一家人，这位好心戏迷说的无疑是个好主意，于是，她们一家当机立断，离开了重庆，上行江津，来到了这座处于重庆与泸州之间的小城，站到了一幢毛坯房前。母亲和孩子们，这躲灾一家人，既惶惑又感激，八只眼睛，像是八口晶莹的深潭，湿乎乎的，除了泪水，说不了半句感激话。

一家人跨进房子，才放下行李包裹，便一齐行动起来，拿脚踩，用砖块砸，先把地坪给弄平整，找来破门板，挡住洞开的窗户，墙面就顾不上了，有瓦就天下太平。没待铺盖完全打开，哈欠连天的弟弟妹妹就钻进被窝，沉入梦乡。比他们大不了多少的姐姐，是母亲身边唯一的得力干将，她懂事地继续忙碌：检查门窗，整理行李，觉得全部停当后，才浑身虚脱般地倚倒在冷硬的砖墙上，任湿透的头发粘在额角，也没力气撸一把了。记得那个头一晚，月亮好大，从破门板缝里渗透的月光，明晃晃地照着睡得正香的姐弟俩，瑞云心里满溢着一种甜滋滋的幸福感。

不用教，包括还是小不点的弟弟，患难一家人都明白，光是安顿好家，是远远不够的，还必须得尽快赚钱，才能养活这个家。铺盖展开在烂泥地上仅仅一个晚上，第二天一大早，妈妈就狠狠心将大女儿瑞云从地铺上拖了起来。

瑞云睡意正浓，嘴里还在说梦话呢，被刺激着了，一个激灵，眼睛猛然睁开，直直地盯住妈妈的脸，好像很陌生一样，要看得很仔细。妈妈略显歉意，咧了咧唇，刚想要说点什么，女儿一只小手伸出来要掩妈妈的嘴：快说，妈妈，我们怎么过江去？

妈妈一愣，闭回去的嘴巴半晌张不开。她明白，想要说的许多话，对已经迅速长大的女儿已属多余。好心观众的这间房子与江津市区隔着一道江，要往闹市中心去寻合适的场子演出，必须越过江去。娘儿俩二话没说，租了一条过江船，以后就天天租船出行，风雨无阻。走水路，赶来赶去，耽误时间，又怕体力透支，影响到上台演出，就硬撑着，人就特别累。

浮云飘荡的岁月，一段嵌在江津的演出生涯，因为过于艰辛而铭心刻骨。为了争取休息时间，保证演出质量，后来凡白天有戏演，母亲和瑞云晚上就不过江返家。那个时候，演的都是京剧，嗓子、身段，在露天舞台上的要求特别高，半点马虎不得。不回家，就住江津的公园。白天演到精疲力尽、唇焦口燥，下场后，随便找个路边食摊，胡乱吃点什么，能填饱肚子就行。夜里就摸到简陋的小公园里，寻个条石，或者不大的地坪，也顾不得是否平整，周边有否垃圾，铺卷展开，倒在上面，沉沉地睡过去，多半是比较香的。有时半夜会突然惊醒，那是一场大雨，或者狂风，或者狂风暴雨一齐不期而至，他们不得不东躲西藏临时挪窝；有时一觉睡到大天亮，被赶早的游客们闹醒了，心情非常糟糕，很不情愿地整理腾地儿，这时会发现浑身已被露水湿透。往往在这个时候，瑞云会特别惦记江对岸那间毛坯房，虽然简陋之极，至少那里还算是个"家"，"家"与"无家可归"的根本区别，在于有无门窗板壁房顶之类，毛坯房，至少有个严严实实的瓦盖顶可以遮风挡雨。

真是矛盾，真是两难。

深夜，游客早已尽散，扫垃圾的老奶奶也早不知去向，所有的声音都撤退出公园，一下子会觉得安静得古怪。"瞿瞿瞿"叫个不停的是蟋蟀，声音脆亮的是金蛉子；突然"哇"地一声，又立即消失，在天空划一道浅痕，那是夜莺在捣乱。偶尔失眠的夜晚，睁大眼睛，四周围黑黝黝的，什么都看不见，只有近在眼前的地坪最明亮。碰巧会遇到蚯蚓掘地蚂蚁搬家等奇观异趣，小瑞云便眼也不眨，足可以看上小半个时辰。

有过这一段江津露天睡公园的经历，李蔷华一生对公园就有了异样的感觉。往后的岁月里，阔大如武汉东湖公园，精致同上海复兴公园，遥远至美国纽约中央公园，表面看，她和普通游客一样，随意游览、散步、观景，举起相机摄影，实际上，每入公园，她的心海会有微澜起，一木一花，一亭一椅，一片不大的草坪，都会与这一段蹉跎岁月勾联，引发万千感慨，真正是触景生情。

还是在江津叫不上名字的小公园。

这一天早晨，和往常没什么不同。小瑞云一家子早早地从露天地铺起来，整理铺盖，抹脸刷牙，有游客三三两两地，从他们身边走过。突然间，有一个女声从游客中发出，显得惊讶万分：哎呀呀，怎么会有这么好玩的女孩子呀，我还真从来没有见到过呢。她驻足不前了，站到瑞云、瑞霞两姐妹面前，眼睛里满是欣悦的神色，左看右看，看个不停，还一个劲地问长问短。

女游客叫王耀辉，是国民党第十军军长徐源泉嫡亲的第三房弟弟的媳妇，有钱有势，这些当然是后来所知。当初的感觉是，这夫人，看去穿着华贵，面相却是和蔼可亲，很直率爽朗。简单的交谈，了解了瑞云一家不幸遭遇后，她留下一句话：你们不要乱走，明天这个时间，还是在这里，我来找你们，不见不散。说完她公园也无心游览，急匆匆地走掉了。瑞云和妈妈弟妹只是觉得奇怪，没当回事，猜想大概也就是有钱人一时冲动吧，她们还是白天去演出，晚上，地作床，天当被。

第二天，差不多在同一时间，他们起床整理，正准备去路边吃早点，夫人果真又来了，随同的还有另一位衣着气质同样不一般的女性，被介绍说是江津市商会杨主席的夫人。几乎跟后来被小蔷华尊称为徐姑姑的王耀辉反应一样，甫一见面，杨太太就毫不掩饰地表达了对两姐妹非常喜欢的心情。

两位太太和妈妈有了很紧急的磋商。真正是萍水相逢,一见如故。两下谈得很好,杨太太非常慷慨,当下就把她们全家人接到了杨家,安顿好住房。她拉住小瑞云的手,不无亲切地说:记住,不许客气见外,以后这里就是你的家,要吃要喝,随便拿,尽管说。当天就着人给孩子们换上了像样的新衣衫,连妈妈都穿上了漂亮的新衣。紧跟着,依当时的习俗,就近选了个好些的日子,办了个简单的仪式,妹妹瑞霞认王耀辉做干妈,姐姐瑞云则成了杨太太的干女儿,很正式地定了身份。

日寇猖狂,江津岂能太平,随时都有炸弹在你头顶爆炸的可能。有人照顾,告别风餐露宿,告别公园地铺、泥巴地房,当然感激不尽。在小瑞云心里,吃得苦一点,住得苦一点,都还其次,所谓少年不知愁滋味,她比旁人多一个心眼,看重的是学戏的条件跟着有了可喜的改善,这才是她心头最为渴求的。

在杨太太家里,生活条件之优,自非流浪街头时可以相比,他们家有那么宽敞的庭院,艰苦惯了的小瑞云身入其中,能不受干扰地潜心研习,练功、吊嗓子,这是何等样高兴事。喜爱京剧的杨太太还不时举办堂会一类的活动,邀来政要朋友,让瑞云亮相演出,一曲《苏三离了洪洞县》,会让整个家院乐翻天。

江津这一段艰辛的日子,意外地获得了转机,苦于漂泊的小瑞云特别感谢雪中送炭的杨太太。1940年岁末,为荀派艺术作过不可磨灭贡献的早期京剧表演艺术家醉丽君先生,就是在杨太太家的厅堂,当众收下瑞云为弟子,同时收下了可爱的妹妹小瑞霞。后来妈妈秦如冰觉得,不能老住人家这儿,影响人家的生活。所以日军轰炸稍有缓和,瑞云一家就离开江津,离开重庆,与干妈她们分别了。

第二章

父恩如山

> 我生命中最重要的人，是我的继父。他温和善良，知识渊博，很有修养，行事为人充满了人格的魅力，是个很全面的好人。他是我的一所学校，有我永远学不完的东西。没有他，就没有现在的我。
>
> ——李蔷华

当的是个好老师

1940年，记不起来是哪一次演出后归家，琴师也跟着来了，进屋，他就跑到灶间忙活去了，妈妈把小蔷华拉到一边，告诉她，就是这位琴师，要做她的继父了。说这个话时，她的眼睛盯牢女儿。小瑞云把头别开去，嘴角扭了扭，一脸孔无所谓的态度。

是呀，步入十二岁的小瑞云，已饱经人间沧桑，成天想得最多的是怎么能把戏演得更好，赚更多钱养家糊口。至于母亲改嫁，家庭变故，人来人往，她视为是母亲一个人的事，是妈妈的"私生活"，与己无关。所以，那天之后一段时间，琴师住到家里，做了自己的继父，进进出出，大家都已习以为常时，在小瑞云眼里，他还是琴师。

继父李宗林，1940年与母亲结婚，精胡琴，通戏曲，待人儒雅而彬彬有礼，远烟，绝酒，聪明，勤学，喜交友，爱字画，可能还有更多，做男人的优点，几近占尽。妈妈说：你继父会待你们很好的。"小江湖"女儿冲她苦笑，心里想：亲生父亲都不过如此，一个做继父的，还能要求他怎么样？好不好，都无所谓，只要不欺负到你，妈妈你觉得好，就行。

有意思的是，一对新结盟的父女，彼此的想法，几乎是惊人地一致。李宗林踏进这个家门，对孩子们也未存半点奢望，从未对三个孩子要求什么，没指望他们能如何尊重他，孝顺他，他的想法很明确很直白：在这个新家里，要做好、当好丈夫和父亲的身份，且，润物细无声。

真正实施呢，最好的，还是教师的身份。

入梨园门，幼时练功，半点不得马虎，是天天起早要做的头等功课。瑞云他们当然明白，只是常常免不了小孩子气，明知故犯，贪睡赖床，继父李宗林便主动承担起叫早的任务。到点，他就会站到床前呼你，先轻声、再轻声，变着法子让你按时起来，就是不用高腔大嗓。冬天，他模仿大公鸡，"喔喔啼"；夏天，枕畔响起笃笃细声，轻轻的，不急不徐，颇具节奏，是继父的纸折扇在敲击罗帐之外的床沿。有时实在困得厉害，明明醒了，还是歪着脑袋紧闭双眼，故意不吱声，继父也觉察的，但他不戳穿，依旧纹丝不动。他就有这样的耐心，一直敲，一直敲，一直敲到你起床。

说到教戏，李宗林很有一套自己的方法，不急不徐，看你的状态，完全是因人施教。看到瑞云悟性高，入戏快，练基本功一段，就比原定大大缩短了；然后开始学戏，也不是刻板地一定要达到完全满意，他的方法是，学会一出戏，有个七八分熟了，就拿到台上演去，在演出过程中再不断地雕琢，久演久熟，磨练成功。

有天一大早，瑞云吊嗓子，找到河边树下，正发音，听到近旁有一个声音，有点熟，前去一看，竟然是继父。小蔷华奇怪，他拉胡琴的，吊的哪门子嗓子？李宗林手指点着她，笑道：我是在为你吊的呀。小蔷华更是不解。

李宗林问她：你觉得自己嗓子有什么问题没有？

女儿回答：没有呀，挺好的。

继父说：有没有下午休息后，嗓子有发紧发干的感觉？女儿想了想：有这个，不过第二天又没感觉了。

李宗林告诉她：你这个就叫"回笼嗓子"。本来吊了两出戏，吊得挺好的，嗓子挺舒适的，睡了个午觉起来，再开口，啊呀，坏了，嗓子发声吃力了，其实呢，很清楚，嗓子是闷掉了。

小瑞云重重地点点头。继父真成了自己肚皮里的虫了，发生在自己身上的事，他怎么会都知道呢。李宗林发现这个问题后，一天也没有放松，赶紧给女儿开小灶，给她作出规定，睡完午觉起来头一件事，必须再重新吊嗓子，这个事，他得每天监督着，谁求情都不行，再累也不让破这个戒。什么时候能不吊呢？平时和蔼可亲的继父，这个时候就像一块铁板，没有一点通融的余地：一直要吊到什么时候唱，嗓子什么时候有，没有发紧发干这回事。

继父的要求，女儿真坚持了，做到了。水到渠成，小瑞云的"回笼嗓子"问题，终于得到解决。在这个过程中，她悟出了一个道理：所谓的嗓子，实际上就是功夫，功夫下去了，嗓子自然就会有。

这个事情过去，父女俩的心贴近了许多。说到变化，嗓子是不用说了，同样是用到嗓子的，是女儿叫继父的感觉，人前人后，"爸爸、爸爸"地叫，自然、亲切、勤快，连听的人，感觉都是甜丝丝的。

小瑞云一家，个顶个聪颖，可惜都没有读书的机会。京剧戏文，那么艰深的文字，那么经典的含意，没有理解文字的能力，全凭死记硬背，要达到理想高度，确乎不可思议。李宗霖感觉这个问题最大，知道家里人也都着急，就有了盘算，由他任教，认字断文，从扫盲开始，以剧本为教材，让全家人读他的"李氏文化速成班"。

对于认字的迫切愿望，用"如饥似渴"形容小瑞云的心情，最恰当不过。一部《打金枝》或者《天河配》剧本稿谱，过去，它认识你，你认不得它。现在好了，来了继父，一字一句地教你，意思懂了，字识了，戏也排熟了，一举多得，这个过程，简直让她着迷。识字，琢磨唱词的意思，成了她每天雷打不动的功课。从此往后，每天照样天不亮按时起床，练文、习武、吊嗓子，不敢有一桩事打折扣，但无论忙到多晚，继父都会把字句大大地写在纸上，摆到女儿面前，给她加上学文化这一课。

有过一次，剧场演罢，临时被唤去加演一场堂会，待回家，早已过了半夜。瑞云感觉特别累，李宗霖也有点感冒的征兆，一路上咳嗽连连。进了房间，妈妈让李宗霖坐下休息，服侍他喝开水，和他商量：今晚的课，取消吧？李宗霖没有正面回答，说：瑞云怕是有点累了吧。但闻有人敲门了。是瑞云按规矩上课来了，不过她先问一句：爸爸身体不舒适，今天是否免了呀？李宗霖立起身，应声说：没事、没事。

不用说，父女俩的文化课照上不误。

其实呢，"上课"这个词是为了方便，顺手拿来说说的，哪里有过专门上课这一说呢？一天学都没有上过的瑞云，在继父手里开始读书识字，李宗霖也不是教师出身，都难说有什么章法，这倒好，无拘无束，怎么方便怎么来，学习成了随时随地的事，一个好学，一个好教，匆行路上，吃饭桌上，只要有可能，父女两个就会凑到一起，完成一次教学。待到正式唱大戏，教戏，识字，几乎是一次庞大的文化知识风云大际会。

最初识的那些字，是在什么情况下、怎么学得的，小蔷华都记得清清楚楚。李宗霖教女，充当教材的演剧稿本，无论清不清楚，总得亲手再写一遍，毛笔小楷，端端正正的，然后用手指头点着，"未开言，思往事，心中惆怅"，什么意思？一个字、一个字地讲解，一遍又一遍，直到她完全弄清弄懂。特别是后来学程砚秋先生的那些小本戏，言辞都非常文雅、精深，他讲解特别仔细。他坚持认为程派的戏，论文学底子，就比别的许多流派高好多，"分我一枝珊瑚宝，安她半世凤凰巢"，不仅唱腔需要把丰沛的感情唱出，更要有对文字的理解，哪是喜的、悲的、愁的，让你都知道内容了，表演起来就不一样。这句是什么意思，那句是什么意思，不敢有半点怠慢，生怕走偏。

李宗林对瑞云说得最多的一句话是：对唱词的理解透彻，全本戏文的精髓掌握了，演出的戏才会有隽永的味道。那些话，早已经超出了他一个拉胡琴的水平。

每当继父这样说，瑞云就会认真看看他的脸。李宗林个子高，大概有一只眼睛有问题，每天一早起来就戴一副墨镜，老式，圆框的那种，屋里屋外都戴，没见他摘下过，添了几分神秘。他跟母亲在一起，一个文文静静，一个风风火火，那么平和的一个人，和妈妈的大脾气正好配对。

更　名

说话间，已到了1942年。人是天边鸟，旧社会搞演艺的，更像是居无定所、飞来飞去的鸟儿。听人说成都的演出市场兴旺，他们便举家从重庆迁到了成都。

到了成都，说到和继父相处，最初的那点俗世的想法，早已烟消云散，相反，超越血缘的，父女的感情在加深，心在一天天靠拢。

这一天，妈妈和继父郑重其事地把两个女儿叫进他们的房间，继父还转过身，特地关上了门，说是有重要的事情要商量。姐妹俩觉得奇怪，因为大人们从没用过这种严肃的口吻和她们说话。包袱抖开才知道，是为她们俩登报取名的事情。俩孩子不禁哑然失笑，还当是什么大不了的事情呢：区区小事，你们长辈给定就是了，继父文化这么高，他取名，准好，不会有错，用不着跟我们商量的。

瑞云、瑞霞，生下来就用的名字，一直用到离开武汉。入川后，这里的观众觉得她俩长得好玩，便根据自己喜好乱更名，怎么亲热怎么叫，叫得最多的是，瑞云被叫成了"苹果"，瑞霞则被叫成"橘子"，两种甜滋滋的水果名字，替代了两片祥瑞之云。

李宗林心里想，云也好，水果也罢，都不适合。与一般人取名字不同，在菊坛施展才艺的伶人，尤其名伶的名字，是要大大的写了，与戏名一起挂到市街要冲地方去的。京剧演出的大海报，版面安排几乎统一格式，名剧目、名角儿，水乳交融，各为亮点，难分仲伯。伶人走向名伶，岁月漫长，有个好名字，无疑是重要的第一步。

明白了，主要是姓氏。关系姓氏，李宗林自有难处，所以久拖未决，拖到眼下挂牌的关口了，孩子的姓名必须亮出去，再没法往下拖了。

颇费心思，李宗林采"蔷"、"薇"二字，分赠姐妹。

融入秦如冰家庭之前，李宗林的一把胡琴就已经在京剧圈有着名气，甚至跟名家高华、言菊朋都一起演过戏。高华，何等样高人！那时的盛名，就已红遍南京城，已经跟著名老生杨宝森灌过唱片《桑园会》。浸淫高雅艺术，李宗林素质全面，文学修养也是很高的。为孩子取名，最终从百花丛中摘取了蔷薇，自有不俗的考虑。

蔷薇，亦名野蔷薇，多野生，易成活，密生小刺，花呈白色或淡红色，花族里最是普通、凡俗，争奇斗艳的场合轮不上它，却芳香、繁茂、生命力顽强，于旷野，于险滩，蓬蓬勃勃，历久弥坚。这些特质，分外为李宗林珍视。望女成凤的同时，又担心有树大招风的危险。理想的结果是：成名不张扬，艺精不结怨，不必牡丹华贵，不必春桃艳丽，不必水仙清高，学那普通一蔷薇，有芳香能宜艺，有锐刺保太平。蔷华、薇华，集中了那个时代艺人的智慧和理想。

接下来，便是姓氏。冠什么姓？这话是妈妈问的，口气里有惶惑有迟疑，眼神有点乱，嘴角有点僵。刚才说了一大堆话的继父呢，闭上嘴巴，大气不出，眼睛望向窗户外面，好像受什么好奇的东西吸引，很专注的样子。这个事，他不打算说，打算听。

原来这个才真正是"重要的事情"。

瑞云本是性格内向之人，轻易不会感情冲动。这时脸色微微泛红，嘴唇翕动了半天，没能发出一个音，倒是眼睛在起变化，整个眼圈泛红，眼球湿润，孕育泪珠，渐圆渐大，终于滚落。

"我本是有父亲的孩子。令人伤心的是亲生父亲不把我当自己的孩子，不管不顾，不尽父责，天良丧尽。我那么幼小，就险些被他卖掉，跌入火坑。这样的父亲，有跟没有有什么区别？还是没有的好。继父出现后，我才真正尝到了有爸爸的甜味，有他真好。不知道别人家的继父是个什么样了，反正我的继父胜比亲父。妈妈你不要生气，我感觉里，他比你都要好。"女儿断断续续表达的心情，妈妈都能体会，起码是自己的臭脾气、急性子，对比李宗林的文雅耐心好脾气，孩子当然更会喜欢他。

小姑娘一番话，言下之意，已经再清楚不过。熊、李，两个姓，姓李更好。

蔷华，李蔷华，确实是有感而发。

都看在女儿的眼里。一段时间，戏排得特别满，几乎不分昼夜地演。李宗林从不抱怨，从不言辛苦，却是一味地兴奋，终于累倒在病床上。看过医生，遵嘱，卧床休息。才隔了一天，有人进屋，与妈妈商量演出的事，提到让继父出场，女儿手乱摇，急急地指李宗林的房间。已经迟了，听到有人请，他挣扎着要起来，妻子女儿闻声推门，一齐按住他。面前一大碗中药，已经凉了半天，他拿到手里，一口气喝了个底朝天，挣扎着爬起来，举起瘦弱的胳膊，张开巴掌，不停地抖动五根手指头：我们家有五张嘴巴等着吃饭呢。

这个人就是继父。随继父姓李，最是顺理成章之事。

李宗林、秦如冰的眼圈同时都红了起来，涌出的泪珠，一颗一颗滴下来，一点不比女儿李蔷华少。

麻烦不断

一家人重庆不待走成都，除了上面说到成都演出市场旺，还有一个小插曲。在重庆时，有一女孩叫张君燕，比李蔷华大一二岁，嗓子没李蔷华好，她倚仗父亲是后台管事的，就老欺负李蔷华，硬要自己先挑角色，演员不讲演技讲背景，一起相处，不是友爱，而是强横，李蔷华看不惯这种作派，动了真气，心情就是好不起来。妈妈觉察了，一面劝慰女儿，一面息事宁人，有了惹不起躲得起的想法，权衡过后，选择离开。

落脚成都，开头颇顺。十四岁的李蔷华被观众看好，即挂二牌演出，开始了她真正意义上的京剧舞台生涯。

那时弟弟远去西安学戏，剩下一家四口，继续演戏讨生活。成都地界，果然好演艺，那一阵，真是辛苦。以成都为轴心，在四川盆地大大小小的城镇，跑四方码头。经常演出的剧目有《骂殿》、《女起解》、《花田错》等，都是蔷华、薇华两姐妹唱主角，继父拉弦伴奏，妈妈配装梳头，她还兼顾剧团上下的打点。相对平稳的生活，今天重复昨天的，并不感觉枯燥，相反，因为节奏快，特别简单，今天这儿明天那儿的，劳碌而充实。忙演出，四个人起早贪黑，多劳多得，生活积蓄余钱，置办服装，还花了八万五千元大钱买了一所宽敞明亮的大房子，在一个叫时代新村的别墅区，另带一整套精致家具的，一大家子开开心心搬了进去。

才唱半年，就红了，广受欢迎，因为人长得漂亮，戏做得更漂亮。李蔷华和妹妹薇华，那么青春亮丽的一对姐妹花，灿烂盛开，明艳芬芳。姐姐缺什么，妹妹就给她配什么。李蔷华来花旦戏，薇华就唱小生；姐唱《骂殿》，妹顶老生；姐姐唱《女起解》，妹妹就唱崇公道，来个小花脸。妹小姐三岁，比姐矮了半个头，刚开始连椅子都够不到，一点点高的凳子，还得抱她上去，真正可爱之极。

人要红起来了，真是挡也挡不住的。李蔷华知道，像《文姬归汉》这样的戏，照之前演，因为确实不清楚它的内涵，唱也唱了，动作也一处没缺，自己就是感觉不踏实，哪里不踏实呢，又说不上来。这个阶段，经继父的循循善诱，加上自己用功,一头钻到戏文里去了,那点意思、含义,抽丝剥茧一般,弄了个明白,眼看着演艺明显有了长进。这些变化,哪里能逃过老观众老戏迷的眼睛。他们有比较,有辨别,看你对戏的理解比别人好,就会真心喜欢你,追捧你。

李蔷华分明记得是在宜昌,出著名川绣那个地方。傍晚,演完《女起解》,众人都还在忙乎,继父在整理乐器家什,妹妹颠来颠去地搬运零星物件,妈妈像个总指挥,大声吆喝着支使着。唯她蔷华刚刚卸完妆,有点累,心里却是轻松愉悦的,一手支着腰,站起身来,想帮助干点什么,被妈妈一个眼神止住了:好好休息,哪儿都别去。她只好听话,乖乖地重新坐了回去,痴痴地望着绚丽的晚霞出神。正当做梦的年纪,先天条件好,有好继父、好妈妈、贴己妹妹,演艺上没有什么过不了的坎,偶尔有坎有挑战,还觉得特别开心。天真活泼,向往幸福,定格眼前的一切,她默默地向苍天祷告:保佑我们一家太太平平,让生活一直如此和美。

旧社会规矩,每到一地演出,必须得拜客。由将要出演的剧场老板领引,去军政要员、地方名流府上,登门致意。人家看到你来到,给足面子,心里开心,甫一见面,会备茶设宴什么的,这种场合,多半会叫你唱点什么,你就得笑盈盈应允,唱上一段,叫唱什么唱什么,不能含糊,不然会扫人家的心情,脸色就不好看。人家一高兴,就会眉飞色舞,就会"云登"、"旌旗"的给你送东西。这个犹可。麻烦的事是,他会过界,比方说,看上你人了,还想入非非,托人做媒来了,这种时候,答应不答应都是祸。

李蔷华一双眼睛,从小就锐利,看人,辨事。她很小就知道,我们做戏的,别看你台上如何光鲜,人家是不把你放在眼里的,做戏的人家是受歧视的。这个认知,倒不是李宗林教的,是自己从社会的偏见里直观感受到的,是从许许多多人、许许多多多双眼睛里识破的,深入骨髓,一针见血。

那地,那天,那剧场老板,通知去那人家。适逢继父患病,将息着。这边低声下气提出,是不是可以不去,或者改日再登门拜访。回话斩钉截铁:不行,抬也得抬了去。跌跌撞撞去了,那人家没有要唱,客客气气,让座请茶,只是人过了过目,挥了挥手:回去吧,回家休息去。步履急急地打道回府。以为太平了,一口气还没有完全舒顺畅,那边人就来了。

是来说媒的。

来人基本不开口。腰包里一掏,就把五万大洋撂桌上了,眼珠子瞪着你。这边摇头,使劲地摇。那人也晃脑袋,一面晃脑袋,一面手又伸向腰包,这一掏,又是一叠钞票,不多不少,和已经撂那里的一样厚薄,加一个五万大洋。这边继续摇头,并配上一脸的苦笑。

之后,没有太平了,麻烦,找了一个,又接上一个。

有钱有势的人，就是这样横蛮不讲理。旧社会，做戏的人，吃的就是抛头露面的饭，就是日晒夜露的出头橡子，受欺负、受凌辱往往是家常便饭。特别是面容姣好的女演员，漂亮果然是你演戏的本钱，反过来，也是惹火烧身的导火索。

这些人是很有些手段的。过不多久，就将目标锁定在继父身上，以为只要能把继父摆平，其他人就不在话下。

先是糊搅蛮缠找岔子。李宗林演出伴奏，一般都着中山装，他喜欢穿中山装，得体，大方，很显他的风度。那边指派人到后台捣乱，说是凭什么穿中山装？我们伴奏都是穿长衫的。似乎穿衣都穿出了个大逆不道。李宗林喜爱字画，为方便鉴赏，就在家里悬挂，外屋里屋的，有大家能看懂的画，也有谁都说不出好坏的书法作品。有人找上门来，指着一幅字厉声呵斥：你一个拉琴的，凭什么挂这幅字？

说的是家里墙上挂的一个条幅。是林森的字。林森，原名林天波，国民党西山会议派主要成员，1932年起，接替蒋中正担任过中华民国国民政府主席一职，是著名的老一辈民主革命家。李宗林挂他的字，与政治态度无关。对字不对人，只是年轻起就喜爱字画，一直欣赏林字雄健的运笔、变化的墨色，挂他的作品，单纯的文玩之举。这些人偏要在豆腐里面寻骨头，真是欲加之罪何患无词，他直觉得好笑，懒得费口舌一争，次日便将林作取下，束之柜藏。

没几日，他们探得了李宗林与李蔷华不是亲生，而是继父女的关系。这下子，又来劲了，以为有空子好钻，便换了一套手法。

某日，着人把李宗林叫去，颇费心机地选择了一处典雅幽静的茶楼，讨好似的点了碧螺春——李宗林家乡的上品绿茶，陪坐，边品茗，边说温存话：你想想，不是自己生，没有血缘关系，哪里能谈得上什么亲近？不管怎么说，有本事没本事，女孩子大了，总得嫁出门去，是吧？嫁出去女，泼出去水，亲爹老子都不过尔尔，你一个做继父的，还想图什么好？

踏进这间茶楼，喝口碧螺春，李宗林就有了警惕，心里清楚，鸿门宴罢了。这些人主意已决，不达目的是不会善罢甘休的。李宗林便佯装同意对方的分析，试探地发问：依您的主意，我该怎么办呢？

对方看见他上勾，不禁喜上眉梢，进一步"开导"：趁着她们还未成气候，翅膀还未硬，你的话还能起作用，你就做主把李蔷华给嫁了。只要你把这个事做成，你自己今后的生活，咱们家老爷保你衣食无忧。

说完这个话，来人把胸脯子拍得山响，都惊了旁边茶客。

继父人长得清瘦，比一般人略显高挑，惯常的样子不卑不亢，又总是戴一副墨镜。这些人是大大低估这位琴师的品德和智慧了。李宗林作沉思状后，不急不徐地说了一番话："诚如斯言，我是能想得通，也是好说话的。只怕她妈妈不好弄，人家是亲妈，女流之辈，脾气暴，刚性子，把她搞急了，一叫二跳三上吊，是什么事情都做得出来的，万一弄出人命来，大家脸上难看。这么着吧，我心里已经明白，你们急也急不得，给我一点时间，让我慢慢说服她妈妈，然后再作道理。"

继父施的缓兵之计。来人虽不甘心，也有疑惑，但听人家一番话句句在理，也不好再说什么，只是叮嘱快点回准信，快快然送客。

离开茶楼，李宗林一刻也不敢迟疑，直接赶回家。踏进门槛，反身就关上，脸还到门缝去瞄外面，好像后面有人在追赶。对一家老少说的头一句话就是：赶紧搬家走人，成都一天都不能多待了，越早离开越好。

家里人你看我，我看你，都摸不着头脑，李蔷华也不清楚到底发生了什么事，但她相信继父，继父这样说，一定自有他的道理。再说，这些天演出，观众席里的变化，多少也反映到自己耳朵里，她隐隐约约觉察到，这个决定与自己有关。她就帮着继父，劝妈妈和妹妹：爸爸哪次决定是错的？我们快作准备吧。

接着几天，一家人像是遭到强盗追杀，大祸临头一般，惶惶不可终日。爸爸妈妈灰头土脸地到处托人，在很短的时间里，找人卖了房子，这么好的房子，才住了半年不到，八万多买进，只要了五万五千元，就把它给卖了。妹妹很舍不得离开，得空就窗户廊柱地一遍遍抚摸过去，恋恋不舍。妈妈更是刀绞一般心疼，她是吃够颠沛流离之苦的，对安定生活的向往比谁都要强烈。

但是，这个家搬不搬，哪里能由得了自己做主呢？

无奈只能是搬。搬到哪里去，又是个难题。最后临时决定，还是回重庆去，毕竟在那里待过，多少有几个熟人。但是，成都去重庆没有公共汽车，又为怎么走伤透脑筋，拖家带口，有这么多的行李，怎么才能离开成都？时间一天紧过一天，多待一天就多一天危险。李宗林就担心人家再找上门来，暴露计划走不成。

情急之中，让继父想到了一个大名叫方超的警察局长。此人是大孝子，替母亲祝寿，为讨老人家欢喜，曾经请李蔷华去演过堂会，双方结下情缘。通过他的帮助，李蔷华一家才找得一辆货车，总算能走了。

记得那个深夜，大家胡乱吃了些东西，勉强填饱肚皮，就匆匆忙忙上了路，真是伸手不见五指，墨黑墨黑的天，还夹带着绵绵细雨，司机一再交代，一路上可不许乱动，出了事情，他一概不负责任。为方便应付临时发生的情况，父母亲坐下面，李蔷华和妹妹就只能爬到行李物件上去。头上是车棚的顶子，身下是高低不一的杂物，中间留的窄小空隙，勉强塞进去自己瘦小的身子，塞进去之后，便再也不能动弹了。走一路，颠一路，别说无法伸直腰杆，连抬头都困难，就这么忍气吞声着，三五百里的山路，硬是从成都苦苦熬到了重庆。

为什么要这么急地离开成都，临上车时，继父都已细细地告诉了大家。虽说李蔷华年岁还小,但她明事理得很,知道继父担惊受怕已经好久了,今天大家又都是为了她在吃这个苦。漂亮房子没了,戏没有演了,稍许平静安定的生活粉碎了。趴在行李上,她在心里一遍遍地说:爸爸妈妈弟弟妹妹,对不起对不起呀,泪水禁不住一串串往下掉落,叭哒叭哒的,湿了妹妹整个的颈脖子,同样懂事的妹妹一声不吭,任姐姐的泪水淌到胸口,干了湿,湿了干。

第三章
花 季

> 都说女孩子长到十六岁，才算是进入花季少女的青春时光，我呢，刚踏进十四岁的门槛时，就亭亭玉立，长得跟现在一般高了，差不多跟人家十七八岁的姑娘一个样。
>
> ——李蔷华

大风剧社

成都挂二牌演出仅仅半年，回到重庆时，李蔷华就已经挂头牌了。挂头牌，挑大梁，唱大轴，演什么流派的问题不可回避。李宗林作为继父，虽早有想法，还是尊重女儿本人选择，父女俩有过多次交流，每一次，小蔷华都明确告诉继父：看过许多戏，都喜欢，看了程派的戏，特别喜欢，别的不学，你就让我学程派吧。

李宗林有自己的观察和理解。程戏，悲剧多，反内战，反苛捐杂税，压力在女性身上，反抗，柔中有刚，比如《荒山泪》，比如《三娘教子》，都是有丰富含义有实在内容的，他平时教的也都是这些戏，不断地讲解、灌输，又契合李蔷华悲凉家世、沉静性格，因而很能入戏。李宗林偏爱程戏设计的唱腔，音调奇异、偏锋独走的特色与女儿的嗓音条件非常吻合。孩子日见成熟的端庄正派的形象，出演唱工繁重、动作稳重的青衣是最合适不过了。向往学程砚秋先生的戏，在这一点上，父女俩的意见高度一致。所以，千辛万苦到达重庆后的第二天，李宗林就找到大风剧社，拜会"重庆程砚秋"赵荣琛。

好交友，诚待人，李宗林这点个性，加上他本人很高的艺术素养，使他在江湖上、演艺界都有好名声，拥有丰富的人脉资源。他和赵荣琛就是多年的好朋友，赵荣琛的《朱痕记》是李宗林教会的，而赵荣琛每有重要演出，也总会邀请李宗林为他司琴，他们以兄弟相称，艺术上的友情由来已久。

兄弟相见，少不了互致问候，一番寒暄。赵荣琛当即诚邀李宗林参加大风社的演出：你来的正是时候，这个《朱痕记》、《三击掌》都演疯了，请到你来司琴，如虎添翼呀。李宗林没有推辞，一口应允了下来。李宗林明白，他此行与过去不一样，是为李蔷华学戏而来，重庆演程戏，大风剧社是头牌，不能错过这个机会。

这一段时期，很有意思，父女俩搭伴着出门，一路上还亲亲热热说着话呢，到了大风剧社，立马刹车，就兵分两路了，父亲上台演奏去了，留下女儿，钻进了观众的队伍里，自己寻地方，当起了台下看戏的观众。求学者没敢说穿，台上演员并不知情，偷偷地挤到普通观众席里，看戏是假，学戏是真，梨园界叫这个是"蹭戏"。

为什么不直接请赵先生指导教学？李宗林考虑问题周全，赵荣琛演出事务繁忙，还有大风剧社许多管理层面的事，不能因为孩子学戏，耽误到他的时间。再说，小蔷华这个年龄段的演员，只要肯学，蹭戏的效果，不会比当面讨教差多少。知女莫若父，每天演出归来，李宗林都会和女儿交流学习心得，李宗林完全能够把握女儿的脉搏，欠缺处可以即时补上，小蔷华有收获，做父亲的自然欣慰。

大风剧社给李蔷华的感觉，是大家都在忙，你一个想要学点东西的人，必须自己想办法，找机会。赵先生果然没有直接教过李蔷华戏，倒是在《三娘教子》，还是《汾河湾》里，李蔷华临时为大风剧社出演过一次小孩儿的角色。李宗林惦记着找其他路子，李蔷华又是一个特别爱学习的演员，除了蹭戏，不会闲着，找别的学习方向。

大风剧社在重庆第一剧场演出，李宗林让李蔷华跟着在那儿练功。那时候团里有位先生，小蔷华叫他宝彝叔，是赵荣琛的同学，后来成了有名的京剧导演，很有艺术天赋的一个人，是他负责指导小蔷华。这位宝彝叔要求很特别，白天没戏的时候，就让大家对着台边的大柱子耗腿，一直把腿架到脖子这儿，站成一溜儿，然后再把你的腿直直地系在柱子上，就这样，耗腿。系好了，他就转到后台去了。那时候，他正跟团里一位叫夏韵秋的刀马旦谈恋爱呢。他去后台谈恋爱了，可小蔷华他们正着耗腿呢，等了好长好长时间都不见他回来，都快受不了了，都在那儿直叫唤。话这么说，宝彝叔人很好的，修养也特别好，面对再调皮的孩子，也从不打人，顶多拿块板子轻轻敲你两下，吓唬吓唬。

缘结程派，大风剧社是最早的平台，赵荣琛才是正经的开始。

丰子恺画作《李蔷华登场》

青春年华，李蔷华长得非常好看，怎么形容都不过分，如花似玉、风姿绰约、温文尔雅、语笑嫣然，这些词，用到她身上都不为过。那时条件相当困难，杨白劳一样，买根红线绳扎辫子都要掂量，妈妈依然对孩子外表从不马虎的，无论环境如何恶劣、条件如何艰苦，她总要尽可能把他们收拾得干干净净，尤其两个姑娘，她会格外地在替她们的打扮上下功夫。怎么好的化妆品当然谈不上，但她聪明手巧，审美很好，稍加点缀，就会让姐妹俩显出不一般的漂亮，光彩照人。天生丽质是一个方面，重要的，是京剧艺术给她的后天熏陶，给了她不同凡响的气质。李蔷华是很招人喜欢的。是看了她人后喜欢她戏，还是先喜欢她的戏后爱上她的人？许多人都说不清这里的因果关系。

　　20世纪文化大家丰子恺先生，以李蔷华为范本，创作了一幅水墨人物佳作，就是一个例子。

　　那是1944年，李蔷华十六岁，和十三岁的妹妹李薇华，在涪陵唱戏，而丰子恺先生则刚好也在那里办画展。丰一吟是丰先生最小的孩子，她是个小戏迷，李蔷华她们的演出，不仅自己天天要看，还一天不落地拽着父亲过来看。这个还没完，你看戏就看戏吧，观看演出归来，还惦记着李蔷华她们，希望能够和她们见上一面。

　　那时的丰子恺，已经是名扬全国的大画家了，他的文章也很了得，他当时客居重庆办展览，是很受当地官员敬重的。相比较，像李蔷华这样的京剧演员，是遭人轻视的"戏子"，在整个旧社会，还是属于没有地位的下九流。丰子恺先生一辈子童心未泯，喜欢孩子是出了名的，自己生养了七个儿女，个个喜欢。三年之后的1947年6月，丰子恺在杭州写下一篇《访梅兰芳》，文里说到："我的看戏的爱好，还是流亡后在四川开始的。有一时我旅居涪陵，当地有一平剧院，近在咫尺。我旅居无事，同了我的幼女一吟，每夜去看。"

　　果然，丰先生满口答应了丰一吟的要求，还追加一句：我陪你一起见她们噢。女儿自然高兴得跳了起来：原来爸爸和自己一样，喜欢李蔷华姐妹呀。当场旁边就有人插话：这个好办，丰先生、丰小姐要见她们，要什么时候见，我帮你们去把她们叫过来便是。

　　不料，丰子恺使劲摇手，很真诚很决断地说：不！哪有这个道理？是我们要见人家的么，冒冒失失把人家叫来，是对别人的不尊重，万万使不得。

　　丰子恺是学富五车的艺术大家，是很讲究礼节的，行事具独立思想，不会轻易受世风影响，在他眼里，大家喜爱的京剧演员，就是表演艺术家，理应受到尊重。说话的人自觉说错了话，显得很是尴尬。丰先生转而口气和缓地说：请你帮我们打听一下地址，李蔷华她们是住在哪儿的，好方便我们上门去造访啊。

　　在那样的社会环境里，大画家亲自找到小旅馆，登门造访自己，对李蔷华姐妹来说，无疑是件特别高兴的事。丰一吟见到了自己仰慕的演员，当然更是开心。七十年之后，这位丰子恺儿女中唯一健在的女儿，对这件事作了详尽描述，写得非常

李蔷华登场（丰子恺绘）

具体生动："先是姐姐出来，我正看得入迷，妹妹也过来了。她从姐姐身后把双手插入姐姐腋下，抱住姐姐的腰，摇呀摇的，好天真啊！"

后来知道，丰一吟与李蔷华同龄。

事情并非到此为止。

就在那间小旅店的房间里，丰子恺陪女儿见过小蔷华姐妹，相谈甚欢。之后，他郑重地提出来要为她们画像，并当即打开包，一件件取出来随身带去的笔墨和宣纸、颜料，这就等于是在告诉在座各位，他不是简单地画一幅速写或者素描，而是要现场写生，创作水墨人物画。到这个时候，大家方才明白，大画家是有备而来的。他在看过她们的演出后，从一个天才画家的角度，为李蔷华她们的形象气质所吸引，已经心存以她们作模特、创作京剧舞台人物形象的构思了，只不过，女儿的提议，正好与他的想法相吻合罢了。

为李蔷华、李薇华姐妹，丰子恺一人画了一幅小像，又各题了一首诗。李蔷华那幅是大青衣的扮相，画中妹妹着的则是小生的行头。作为丰子恺的绘画作品，以李蔷华为模本的写生水墨画，保持了画家用墨洗练的一贯风格，详略自如，虚实恰当，形象生动，无疑是画家同类题材的精品力作。

继父不仅懂字画，平日里还有写写画画的雅好，得到丰先生为女儿画下的作品，还有题诗，自然是如获至宝。他别出心裁地把丰子恺给的二画二诗四片纸，专程送到裱画师那里，请他们裱制成了四扇小屏风，红木骨子嵌了象牙，非常的精致，置于他们家案头之上。惜乎世事变幻，几经沉浮，这件珍贵的小屏风到底还是失落在了沧桑的岁月里。

后来李蔷华遇上丰先生的学生胡治均，交谈中，知道李蔷华这边已经没有了丰子恺的原作，连复印件都没有，胡先生便很热心地给李蔷华送来了一个复件，与当年家存小屏风里的画儿相差无几。原来丰子恺先生非常重视这次京剧人物创作，写生过后，他回忆描摹，又进行一次二度创作，并重新冠名《李蔷华登场》。

这幅作品，李蔷华非常珍重，它记录了一代大师对艺人的尊重，对京剧的爱好。

都因为长得漂亮

还是在重庆。

祸兮福所伏，福兮祸所依。女儿长得耀眼，父母就得多费心。有了成都的教训，到重庆演出后，围绕如何保护李蔷华，继父设计了各种各样的措施，是动了不少脑筋的。譬如，给出死规定，无论何时何地，不许李蔷华一个人单独外出，如果她有事非要外出的话，那么，必须有人陪同，你手头再忙也得扔下，陪她出去。总之，这个宝贝女儿的行动，单不行，唯双才能成行。

为这个事，李宗林伤透了脑筋，吃不香，睡不着，总觉得还是没有办妥，缺乏安全感。后来朋友为他出主意，让他在当地找把保护伞，有权有势的人愿意保护你，不就万事大吉啦？李宗林觉得有道理，千方百计托关系，认了个姓杨的年轻人做自己的干儿子。说起来姓杨的也是近代上海青帮中最著名的人物杜月笙的学生，也算是攀了门"高亲"。尽管介绍的人也留了个话：有没有用，你自己掂量着办。李宗林还是松了口气，心里想，甭管他有没有本事，有个大人物的学生做干儿子，总算是有了一点靠傍。

哪里知道，有一天，坏事就会坏在这姓杨的干儿子身上。

那天，杨干儿子带着杜月笙的三儿子，大大咧咧地来登李家的门。不巧李蔷华的妈妈在生病，家里有点乱。姓杨的带着三少爷在屋里兜了一圈，问候过秦如冰后说：天气热，我带蔷华妹妹出去吃点冷饮，就回来的。家里人一时没反应过来，大家都没了词了，又是不巧，蔷华妹妹临时跑开了。碍着陌生人面子，李蔷华只好破了单人不出行的规矩，嘴里说不去，脚就随他们出了门。

天气果真是热，三个人在街上买了冷饮吃，又走一段，好像是凑巧的，姓杨的指着一家挂着招牌的旅店，很随意地说：妹妹呀，我们就住在这儿呢，我得上去换件衣服，你看，我衬衫都被汗水浸湿了。李蔷华看看，真是湿了一大片呢，就这么自然地，三个人尾随着，进门上楼。上楼后，到了一间房门外，杨干儿子从口袋掏钥匙开门。

门开了，他突然转过身来，正好跟准备随后进门的李蔷华撞了个满怀，便顺手推了推李蔷华的身子，说：怎样吧，我洗一洗，换个衣服，妹妹你就到杜叔叔房里坐一歇。李蔷华觉得也是，进这屋是不方便，来不及细想，就停了脚步，转身跟了三少爷。

到了三少爷房间外，他掏钥匙开门，动作跟姓杨的一样，不紧不慢的，李蔷华东张西望，看看陌生的走廊。门开了，没等李蔷华后一只脚踏进屋里，三少爷就急急地反身锁门了，差点儿就夹住了李蔷华的人。她正奇怪呢，这人怎么这么毛里毛糙呀，不曾想，三少爷眼睛里露着凶光，脸色已经变得让人不敢相认了，他压低声音说：早就听说你已经不是姑娘了，我不相信，今天我要试一试。

被这突如奇来的变故吓住，李蔷华惊呆了：世界上怎么会有这么无耻的人，平白无故血口喷人。姑娘本能地奋力挣扎，一边就叫喊起来。三少爷的声音也提高了，有恃无恐地说：你叫好了，喊破嗓子也没人会救你。说着手上就发了力。

这时，许多女孩遭坏人欺负的电影镜头交叉闪现在脑海中，李蔷华瞬时冷静了下来。她克制着内心的慌乱，努力装出平声静气的样子，正色道：你是不是看不起我唱戏的？

正在发疯的三少爷，一时没有听明白。

李蔷华继续说：你要是真心喜欢我，正式的，请人提亲，我跟你走，你去哪，我去哪。你现在要胡来，我立马就跳下楼去，死给你看！

三少爷被姑娘突然的冷静闹懵了，手停下来，身子也站直了，傻乎乎地问：你这是什么意思？

我不会在这儿给你的。除非让我死在这儿！李蔷华脸上的神色、说话的口气，足可斩钉截铁。

轮到杜三少爷大大地吃惊了。他也正色道：你，你给我起誓！

李蔷华丝毫没有犹豫，模仿电影镜头，跪下，起誓。

已经垂下双臂的三少爷，适才的威风荡然无存，仍心有不甘，恨恨地说：那么，你让我亲一下。

亲一下就亲一下。

让他胡乱亲了一下，李蔷华夺门就逃，也不知道那儿来的劲，下楼梯的时候，几乎是一步三台阶，连滚带跳的，出门之后，奔的那个快呀，都不知道脚是怎么长在身上的，成了翅，会飞。

飞一路，抛一路的泪。

家里知道了这一切，妈妈呼天抢地哭，我真不该生这个病，让闺女受这个罪呀。她哭着，拿了把剪刀，欲要冲出门去，找姓杨的拼命，被继父一把死死抱住。

想想也是，胳膊怎么能拧得过大腿？

事有凑巧，刚有过这件伤心事没多少天，李蔷华就接到邀请，去贵阳演出，李宗林就没有什么犹豫，也没跟什么人商量，就同意了。匆匆告别了重庆的观众，和好朋友们也打过招呼，一家人就去了四百多里外的贵阳市。

到了贵阳，他们被安顿在黔声剧院。时在贵阳，京剧演出最火的，是在贵阳大戏院，有厉家班在那里演整出大戏。

厉家，梨园世家，一路过来，数厉慧良名气最大。他的父亲，是著名琴师，母亲、姨母都是京剧演员。1936年，其父厉彦芝开办童伶班，在长江一带演出，非常有影响。厉慧良是武生；大哥厉慧斌工铜锤，架子花脸；大妹厉慧敏，擅青衣、花旦和小生；小妹厉慧兰，擅演文武老生、老旦和青衣；弟厉慧森演文武丑，合称为"厉家五虎"。抗战爆发后，厉家班在云、贵、川三省演出，改名为斌良国剧社，这一时期，厉慧良以演老生戏为主，武戏为辅，经常演出的剧目有《失街亭》、《战太平》、《珠帘寨》、《盗宗卷》等，非常叫座。李宗林一家到了黔声剧院，演"打炮戏"（演出行规：新到一地，头三天演的戏叫"打炮戏"）。

这头一天，厉家班停演，看李家演。

李蔷华在台上演，厉慧良在台下看。

才打过一"炮"，就一"炮"，小伙儿就被当场击中。厉慧良回到家里，就找父亲，要向李家提亲，相中的就是李蔷华。真是雷厉风行。次日，厉家就请了弹子房的郑姓先生来做媒。李蔷华时年一十有五，厉慧良比她大七岁，小伙子人精神，漂亮，演老生，西南一带他最棒。放在那年代，这个年龄也不是问题，也可说是男大当婚女大当嫁。

这个事，李蔷华本人眼里看，不淡也不浓。

到妈妈那里，就不一般了。没有回旋余地，一口回绝。郑先生不甘心，再次约谈，秦如冰说：谈一百次也是同一句话——这个事没有可能。

厉慧良不死心。他的两个妹妹慧敏、慧兰，对哥亲，都能干，哥哥就把事情托了她们。俩姐妹上劲了，仗着自己是女的，又都是唱京戏的，就堂而皇之地上门作说客。还轮番着来，今天大妹明天小妹的。人家是正式做媒的，程序符合传统礼数，场面上无可非议。

妈妈说：咱们家蔷华还小着呢，事儿都还不懂呢。

慧敏还是慧兰就说：看您老人家说的，都十五啦，还小？戏台上都挑大梁啦，这事儿，还懂得不够多？

妈妈说：你们家慧良，多好的小伙子呀，比我们家蔷华好十倍百倍的姑娘，还不是随他挑呀！

慧敏还是慧兰就说：我们家哥哥什么人都不娶，就要你们家蔷华，让我们拿他怎么办呀！

这件事，有妈妈铁心阻拦，不可能有结果。

妈妈的一点心思，无可非议，不掩不遮，都写在了脸上。宝贝女儿，该吃的苦头都吃过了，好不容易培养出来有了气候，小荷才露尖尖，才十五岁多点呢，才有了点眉目呢，这会儿跟了人，成人家的人了，还靠什么去？之前，秦如冰是怕女儿受人欺负，母护雏，天经地义；如今，是要让女儿谈婚论嫁，纵然女儿自己情愿，她做娘的也必须得横插一杠。戏剧终是吃的青春饭，一大家子指望靠她撑持，才开的头呢。

妈妈这般思想，苦了女儿。不消说，管理的级别提升到了从未有过的高度。外出的规矩，更加严厉，没事不许出门，有事也限制，还增订了新规：不许跟别人说话，不管陌生人还是熟悉的，一律不允许。对面碰上，避不开的，勉强说上几句，让妈妈撞上了，就不管不顾地轰散，丝毫不留情面，跟受管制差不多。继父看着孩子这么委屈，心里疼爱，一时又使不出什么新招。最终还是妥协到他一贯的老办法：不待了，走人。

果真是，此处难留人，自有留人处吗？

说着，就到了昆明。

一辈子记住赵君玉

昆明就一定太平么？比如说，当地的权势人物，领导这个边陲大省的最高层级，是显赫一生的风云人物，却管不住自家后园，自己的亲属不争气，缺乏自律，没有什么好名声，成了人们街头巷尾的谈资。这些方面的传闻，当然逃不脱经常阅报关心时事的继父的眼睛。

李宗林听到这些情况后，起先很是吃惊，这不是自投罗网来了，不是才离"狼窝"（重庆遭遇杜三少爷欺负），又入了"虎口"（昆明）么？他不愧多年浪迹江湖，早已想明白了一个道理，天下乌鸦一般黑，他不可能因为有"虎"，而不来昆明。他只能尽己之能，去想出应对之策。

入昆明，安顿毕家小后，李宗林办的头一桩事，就是通过曲里拐弯的关系，颇有预见性地拜了个刘姓老头。据称，此刘是红帮的人，也算是昆明城里最为有权有势的人物之一。相识之后，很快就把李蔷华拉到他面前，叫了他一声干爹，算是名正言顺，有了一层"亲戚"关系。干妈刘太太演过戏，人称"白牡丹"，是票友，也是戏迷，看过蔷华的戏，就对她喜欢有加，"乖囡乖囡"地搂在怀里亲热。如此这般，一把偌大的保护伞就撑了起来，似乎也就不怕大人物儿子之类的人了，一家人待在这座边陲春城，才方稍稍觉得有些心定。

1944年，李蔷华十六岁。蒙继父辛苦指点，自己一心向学，演技大长，舞台经验开始有了积累，初登云南大戏院，是昆明城里年纪最小的挂头牌演员。她主演的几部程先生的戏——《亡蜀鉴》、《碧玉簪》、《洪羊洞》，都受到昆明观众的热捧。

眼看着李蔷华不断在成长，李宗林无比欣慰。他非常清楚，表演艺术家之美，有对自身外在形象的严酷要求，名角、刀马旦、花旦，第一要好看。人往那里一站，举手抬足，亭亭玉立，白璧无瑕，顾盼流连，不用说，女儿都有了；后天呢，女儿那么聪慧灵巧，又如此好学，稍加指点后，她对戏的理解，就是比人家好。长相与内秀，外在形象与艺术内涵，仿佛两只羽翼，女儿不仅已经齐全，而且正在不断丰盈。

女儿是块宝，前途无量，为父责任重如泰山！

在昆明，演出和生活的格局很是稳定，令李宗林颇感欣慰。演出场子长年被安排在云南大戏院，吃住就在戏院对面的旅馆，很方便走动，李蔷华喜静不喜动，也很满意这么个状态，少了许多是非。

偶尔也走昆明周边城市。1943年，在云南昭通新生剧院演出，也是就近住，从旅馆到演出场地，是李蔷华每天的路径，是继父刻意的安排。舍开这段路，这座小城里，别的地方，也就不会有她的脚印。

在昭通，就是这般简单明了地生活。忽然地，她有了发现。走在短短的路上，时不时地，她会闻到一种刺鼻的气味，这个气味令她陌生，又似曾相识，说不清的感受。她把自己的疑问向继父提出。李宗林沉默了片刻，眼睛看着女儿的脸，若有所思，向女儿解释了这里乌烟瘴气的现象。

一切都源于鸦片。

鸦片是吸食人类肉体和灵魂的毒品，西南边陲历来是重灾区。其时，昆明和云南的许多地方，贩卖和吸食鸦片很是猖獗，街头巷尾，到处摆着烟铺。家家户户，从早到晚，自吸、招待客人，都用的鸦片，真是肆无忌惮，无法无天到了极点。这里的大街小巷，低头抬头都能碰上鸦片鬼，瘦到皮包骨，一副病态。

说到鸦片，李蔷华马上联想到亲生父亲。听许多街坊邻居说，熊省吾当年因为迷恋抽大烟，才弄得人不人鬼不鬼，亲生女儿都舍得卖出，为的就是换鸦片铜钿。难怪李蔷华对毒品会特别敏感，会有莫名的担忧。父亲让女儿放心，云南是云南，剧团是剧团，只要自己人正心定，完全可以做到出污泥而不染的。父亲宽慰女儿：我们这不是都住的旅店吗，又没有买房的打算，不会永久地在此地住下去的，你放心，戏演得差不多的时候，我们就卷铺盖走人，远远地离开这个毒东西。

李蔷华的担忧，真不是多余的。没过几天，有人就以生命作代价，给他们父女现身说法，其效果振聋发聩。

这一天，李蔷华在吃饭，碗还没有来得及放下，对面戏院催场的人就过来了，穿了一件褪了色的咖啡色褂子，很是低眉顺眼的一个人，还没来得及走到她的身跟前，腰就先哈下了，带着讨好的口吻说：李老板，您该下后台化妆了。

那会儿，李蔷华刚到的昆明，人头根本就不熟，再说，上台做戏是挂头牌了，下台做人还是一小姑娘，才不管来人姓甚名谁呢，见人家客气，也就客气地回了话，站起身准备过去。没注意，一旁的继父可是直愣愣地傻了眼啦。待来人走远去，他手拉住女儿，眼睛却看别的地方，像是自言自语地暗叫一句：怎么会是他呢？

李蔷华说：怎么，这个人，爸爸您认得？

李宗林苦笑一声，反过来问女儿：我怎么能不认得？连他都认不得，我可还算是梨园界的人吗？大半个上海的人都认得他，喜欢京剧的中国人大多知道他的名字。

这下轮到女儿惊奇了，记起来再寻那个人的身影，却已经影去无踪。李宗林顿了顿，说：这样吧，一时半刻也说不清，你先去戏场子，好好准备演出，这个人的故事，回头再详详细细告诉你听。

演出归来，已经深夜，月上高楼，李宗林毫无倦意，面对刚刚卸完妆，满脸疑惑的女儿，开口说：你还小，不知道，这个人叫赵、君、玉，真正是如雷贯耳般的一个名字。他可是上海滩的梅兰芳，多大的一个梨园界的明星呀。闹不明白，他怎么会沦落到这般田地呢，这究竟是怎么回事呢？

李宗林已经过了初时的激动，语气平和放松了不少。

这个赵君玉，名云麟，原籍安徽，上海出生，为名武生赵小廉之子。他初习花脸，后改学武生，学小生后始名君玉。后再改旦角，仍名君玉，方一举成名。早年曾与有"伶界大王"美誉的谭鑫培合演过《珠帘寨》、《汾河湾》、《御碑亭》等好几部大戏，深受谭鑫培的器重，后来又与梅兰芳合演过《五花洞》，更是把他的名声推到了极致。他演南派旦角戏，宗法冯子和，演北派旦角戏，则学梅兰芳，实所谓"南北逢源"。名声如此显赫，家里也就不一般了，在素称十里洋场的大上海，他有三楼三底的大房子，都知道他好抽鸦片的，他使的一杆烟枪，上面镶嵌的一颗颗亮晶晶的玩意儿，据称都是实打实的红宝石，价值连城哩。

李宗林平时口风很紧，跟女儿说话，几无废话，除了说戏，讲知识、做人道理，这些个对别人评头论足的闲话几乎是不说的。这天见过赵君玉后，他的表现就很反常了，不住地感慨、嘘唏、疑惑不解，长叹短吁，好几天都显得坐立不安，动不动就说要出去转转，一转就老半天不回家。妈妈和妹妹都对他有了意见，他这是怎么啦，成天失魂落魄的，这是要影响演出的呀。

对继父一段时间的失态，唯李蔷华心里最清楚，不会有其他原因的，是赵君玉"惹的祸"。从名伶变成催场子的畏首畏尾的一个人，中间有个大大的问号，尚无解。继父的心思，李蔷华是读懂了的，他嘴巴不说的，心比天高，是努力要把女儿往京剧舞台响当当的名伶方向带。

赵君玉会是一面镜子。

没等到李宗林找到熟人，详细了解赵君玉的惊变脉络，令人更为惊骇的消息来了：赵君玉去世了。

那天，李宗林很晚才回家的，到家的第一句话，是对宝贝大女儿说的。他说：蔷华呀，你说我傻不傻，赵君玉落到今天这么个悲惨的下场，还有什么不能明白的东西？一个人要变到坏里去，江河日下，山崩地陷，谁能拦得住？小葱拌豆腐，道理雪亮地摆在大太阳底下呀！昔时，靠自己成条龙，今日也是靠自己成条虫的。赵君玉是自作孽。

赵君玉，台上演的美妇人，台下是翩翩美少年。人到中年后，一切的美都消失了，他有过的许多妻室都离他而去，后半辈子得一红颜知己，偏偏是个瘾君子。日军轰炸期间，两个人为能得到便宜的大麻，才寻到云南楚雄，后来就流落到了昆明昭通。因长年吸食鸦片，身体衰弱，贫病潦倒，不能演出，最后落得以典当戏服、家用物件为生。

去世后的赵君玉，孤零零地被搁在戏台后两天整，没有人来料理，最后还是李蔷华的刘干爹刘干妈做主，出钱出人帮助料理了后事，算是做一件积德事。

李蔷华的单独化妆间，就是在后台的，从化妆间到前台，必经一个暗兮兮小角落。之前，李蔷华跟大家一样，匆匆来去，从没正眼看过，赵君玉走后，李蔷华大白天专门去看了看这个角落：一块白布充当帘子，从旁边拉上了，将小角落隔出了一个半独立的空间；里面有块破旧门板，有手指宽裂缝，上面乱七八糟一堆杂物，异味扑鼻，跟狗窝实在也没有多少区别。这就是他天天睡的床铺，赵君玉最后的家了。

一条人命，就这样说没就没了，别人都说大烟是罪魁祸首，连瘾带病夺走的。任你曾经是怎样的好角，自己失去了警惕，放任自流，还有多少本钱够你折腾呢？送走了可怜可悲的赵君玉，李宗林在昆明城里胡乱跑，兜了好大一圈。他睡不着觉，他在想一件事：学好，人往高处走，培养一个好演员要下多少功夫？学坏，只要嗓子没了，就什么都没了，一夜天的工夫。而一条好嗓子，哪怕你是金子打的，能经得住你不爱惜，见天糟蹋么？

赵君玉过世，有关他的故事纷至沓来。有说他在上海滩整整红过十五个年头，经常演出的地方即是天蟾舞台，有"北梅南赵"之称，春风得意时，台下阔太太粉丝往他身上扔钻戒也是常有的事。有说《秋海棠》的原型就是他，他曾和一位天津军阀的姨太太有私情，东窗事发，军阀派兵包围了天津城，下令封锁所有铁路，追捕他，赵乔装打扮从水路逃离天津。至于戏里脸被毁容的部分，也是真事，取自赵的戏班子里另一旦角的遭遇。有说赵君玉贪玩，养过一只叫"玉娇娘"的鸽子，从头到尾，其白胜雪，无一根杂毛，价值连城。如此种种。

那个晚上，李蔷华和李宗林一样，没能畅快地合上眼。关于赵君玉的枝枝节节，舞台形象的光鲜，挺尸门板的寒彻，像戏文一样一遍遍地在心里过场。她已经警觉到，从名伶到可怜虫，赵君玉足可作为一生受用的反面教材。她得把赵君玉这个名字，永远地牢牢记住。

次日早晨，老规矩，练功吊嗓子，父女俩见面，眼圈都有点发乌，眼睛里有血丝，一条一条的。两个明白人，都没有再说赵君玉。李宗林说，哪天咱们去干爹那儿一趟，好久没拜访老人家了，一块儿唱唱戏什么的，顺便谢谢干爹干妈。

谢什么，李蔷华清楚，是替赵君玉收尸这件事。一块儿唱戏，也清楚，有干妈，有一位当地有钱有势的"要好票友"，没有干爹，干爹不唱，喜欢听戏。"要好票友"喜欢唱老生，也唱得像那么回事儿。在他们家，谈不上几句，一般就会摆开场子"唱上几句"，他们几个轮番着唱，李宗林拉琴，"要好票友"每次都是一本正经的。这样的见面、活动已经多次，气氛蛮亲切的，没什么事儿。父女俩明白，拜这个干爹干妈还真是管用的。此话怎讲？因为后面有事儿足以证明这一点。

与西南大戏院的半年合同期满后，李蔷华一家决定离开昆明，还是回重庆去。撤出云南大剧院，同时也就搬离了旅馆，一家人临时住到郑大爷家里了。这里有个原因，郑大爷有个女婿，人称"天津李"（曾经获得天津市自行车赛第三名），神通广大，能够帮忙买到机票。那个时候,西南边城交通非常不便,要买个机票是天大的事儿。

就在郑大爷家待的那几天,"要好票友"托刘干爹为他弟弟做媒来了,一次不成,两次。都是一样的几句话,说不要走了,留下来吧,有我们家养你们,还怕没有好日子过,云云。这么看,这位"要好票友"还是很有涵养的,在一起的时候,正眼也没多看你,规规矩矩,声色不露,似乎心思全在戏上,实际心里自有一把算盘。

当然,纵然是说破嘴皮,李蔷华也是不会应允的。在这个被鸦片吞噬了肉体和灵魂的地方,躲犹未及,她已经一天也待不下去了,得知"天津李"也没有办法弄到机票后,他们一家毅然决然还是坐货车去重庆。

钻天坡,云盘山,七十二道拐弯,三十几辆车一块儿出昆明的,最后没剩几辆到达终点的。土匪出没,先杀人,再抢东西,耸人听闻,这是一条阎王路。算李蔷华他们命大,出生入死,风雨兼程,汇集山城时,一家人还是完完整整的。

到了重庆,又一次安稳下来后,李宗林向女儿摊了刘干爹的底牌。刘干爹的家业巨大,生有五个儿子,光侍候他们一家的佣工就有十四个人。他的主业就是贩卖毒品,上海当时最有名的三大毒枭,刘干爹都与他们过从甚密,都是一伙的。解放前夕,就是上海三大毒枭帮助刘逃离大陆去香港的,那自然是后话。

李蔷华不由得深深地倒吸了一口冷气,好你个老爸哎,我们是靠了一个大毒贩子在昆明混的一年多日子呀。老爸脸上满堆的苦笑,双手一摊:有什么法子呢,不靠这样的人,你的戏怎么演,咱们的日子怎么过?恐怕是一天也过不下去的。

第四章

顶梁柱

> 穷人的孩子早当家,这句话用在我身上是很贴切的。演好戏,当好舞台上的主角,这是必须的,家庭生活里,碰上棘手的事,哪怕是超出了你身份年龄能力的事,摊上了,你也得面对,努力去处理好。你吃的是表演艺术这口饭,凡与你相关,大小事儿,都会影响到公众。
>
> ——李蔷华

福　地

重庆是李蔷华的福地。

不说十二岁时,重庆看了赵荣琛的程戏,李蔷华初会程派艺术,一见钟情,单说她带着这个美好记忆,成都、贵阳、昆明转过一圈,再回重庆,说也奇怪,登上朝天门码头,忽然开朗,好像空气新鲜了许多,天地也开阔了许多。

客观上是远离了吸食鸦片的猖獗之地,另一个重要原因,时间已经接近抗战胜利了,只是在西南边陲,感觉没有那么浓烈罢了。这个时候的重庆,人人喜形于色,京戏特别叫座,仿佛这舞台上的一唱一做之间,正可以宣泄盼望胜利的高涨情绪。

好在李蔷华年轻,年轻到可以几天几夜不睡眠,也能够连续演大戏,好在曾经逆长江而至的,不起眼的武汉女娃已经长大。到达涪陵一地,仅仅一部《亡蜀鉴》,一演就是好几场。一个月三十天,演三十六场,自己收三十天全部的包银,留六场给老板。挂头牌的李蔷华,收入自然是非常丰厚。就这样涪陵、重庆地马不停蹄的演出中,迎来了抗战的胜利。

虽然忙,有父母打理,看似紧张忙乱,还是挺有章法,有条不紊的。李蔷华什么都用不着操心,只要一心一意把戏学好做好。有一天,李蔷华下场,大家都还在天昏地暗忙着,她肚子有点饿,想找妈妈要宵夜,四处打听,妈妈还真不好找,最后看到是在附近的一条小河边，她一阵惊喜，想如平时一样向妈妈撒娇。忽然发觉不对，妈妈怎么这般脸色呀，月光映衬下，沉沉的，冷冷的，有点让她不敢相认。李蔷华脚步轻起来，踮起脚尖靠过去。

妈妈脸庞有亮亮的泪痕呢。

李蔷华一惊：是谁欺负妈妈了？

妈妈抬头看着女儿，忧戚然，声哽噎：妈想你哥哥了。

女儿将一颗提起的心放下。八岁离家的哥哥不是在上海吗？不是一直杳无音信吗？又不是才发生的事儿。女儿似乎不解，日子好好的，演出也好好的，一家人没灾没病的，反正一时半刻是见不着哥哥的，平时能做的是心里祈祷他在外平安，偏偏这个时候想他干啥？懂事的她，这般想过之后，却又释然：儿是娘心头一块肉，什么时候想念都是应该，难道还需要理由？自己不也一直牵挂着少小离家的亲哥吗？

妈妈看看女儿，没有说话。说你懂事，还是不懂事呀。日子紧巴巴时，身边一家人活下去都发愁，想他不是自寻烦恼么？日子有转机好过了一些，提起的心能放下来了，牵肠挂肚的事，自就有了蹦出来的条件。

八九个年头了，没有过任何联系，去的时候只是说在上海，却不知道在哪里，是凶是吉，一个人飘泊在外日子过得是好是坏，做娘的能不惦念么。

过惯了四海为家的日子，李蔷华没有等妈妈把这些话说出来，就以不容置疑的口吻说：妈妈你说个话，打算怎么去找哥哥？我们这就动身，一块儿走。妈妈脸上掠过一阵不易觉察的欣喜，马上接上话：火车飞机，那是有钱人坐的，咱们坐船，便宜是其次，可以走走停停，演一路的戏，赚钱、找你哥哥两不耽误。会过日子的妈妈，把这个自认为万全的盘算，在心里都琢磨了快有个把月了。

一家人终于团聚

这些日子，一对弟妹也兴奋着呢，只要有戏演，看到父母亲和姐姐开心快乐的样子，他们才不知道累不累。李蔷华没让大人出面，要离开重庆这个事，由她三言两语跟他们说了。妹妹说，行，听姐姐的。弟弟说，我跟小姐姐一样，听大姐姐的。贵阳、昆明时，就已经做出了规矩，爸爸妈妈的话要听，姐姐的话一样听，不打一点折扣。一家人没有什么不同意见，演得正红的戏，说停就停了，倒是说服剧场老板和戏迷观众，颇费了一番口舌。

先涪陵再万县地，包了一条船，水路，顺流向东。

过三峡，越神女峰，虽久负盛名，初次照面，却无观景的心情。往往是，人家船上客人起劲涌向船头看景致，她们姐妹却睡意正浓。依照出发前商定的，赶路为辅、演出为主的原则，每到一地靠岸，必演。走走停停，以前跑码头，倒是习惯，所以也不觉得有什么不妥。过武汉后，先是妈妈感觉苗头不对，开始着急上火，提了反对意见，不行，走太慢太慢了，这个样子走，要到猴年马月才能到得了上海？到不了上海，找儿子的事儿，还不是空话一句？

妈妈盼儿上火，姐弟们想哥也着急呀。这一次，没有让妈妈拿主意。船过九江，李蔷华单独和继父商量。李宗林碍于身份，破例地有了推托的意思。李蔷华表示理解，就一个人拿了个决定：到南京后，离开水路，上岸宿旅馆住几天，单纯的住，没有演戏的打算，接下来的计划是，弃船，改乘火车直奔上海，中间无锡、苏州等原定逗留的地方，一律再不停留。

船过燕子矶，风正一悬帆，潮平两岸阔。

他们一家，在下关找了家旅店住下了。李宗林是南京人，兵荒马乱这些年他一直颠沛流离，没机会回过自己的家乡，他当然迫不及待地要回去一趟。这一点，李蔷华是早已经想到的，临出发，避开妈妈，单独与爸爸磋商，就是为了南京。

妈妈当然是敏感的。船到南京，她就明显地烦躁不安，话少，脾气越来越大。所以，说是回继父老家，大家都还是待在旅店，是继父一个人出去的。一早出的门，天墨黑了，还没有见到他回转的身影。李蔷华推开妈妈房门。妈妈怔怔地坐定在床沿，桌子上饭菜凉了，都没有吃过一口。

见到女儿进来，她神情怔怔的，不开口。李蔷华坐到了她身边，眼睛只瞄了她一下，立刻垂下了，看着自己的脚尖，说：咱爸今天不回来了。

临出门时有征兆的。李蔷华问他：晚上给你留饭不？李宗林支支吾吾，没有说留，也没有说不留，只是叫他们不用等他，天黑了就早点睡觉。妈妈从早到晚，没有过好脸色，这个时候对着女儿，翻来覆去一句话：他怎么就住了一夜？住都住一夜了，他还回来这个家干吗？

不知何故，李宗林外出闯荡，都有十多年了，离开南京前，他是有老婆孩子的，还有一位老母亲。丈夫天南海北这些年，老婆寻死觅活，还跟人跑掉过，只因为人家是汉奸，暴脾气，没法过日子，结了又离了。这种兵荒马乱的年代，命运变化多舛，谁都是无法预测的。分离这么久，能够有个重聚的机会，只要有一份心，总归是不幸之中的万幸。

妈妈一时转不过弯，看她的情绪，是横竖不肯罢休，李蔷华守在她身边，寸步不离，心里十分着急。李宗林再回下关旅店时，秦如冰不让他进房门。

她说：今天把话说清楚，你到底是要哪个家?!

隔着门板，传进继父无奈的话音：我出去这么多年，家里什么事都没有关照过，回来了，总有许多事。

少废话。两个家呢，是要这个，还是要那个？你必须得摆句话给我。妈妈不容继父分辩，不依不饶。

那边有老娘。她是我亲娘呐，我不能不管不顾。继父自有委屈。

妈妈没有接着说话，却去拔了门栓，门打开了，继父拔腿想迈进来呢，让妈妈一个白眼给吓住，一条腿又缩了回去。

接下来，冷场。大家谁都不说话。

两夫妻，一个门里，一个门外，就这般在这个长江边小旅店的走廊里僵持住。他们的三个孩子，两个小的躲在门背后，脸上挂着惊愕的表情，不敢出半点声响。稍大点的李蔷华，一会儿看看爸爸，转而又看看妈妈，想从他们的脸上看出点转变的迹像。催命似的小闹钟，嘀嘀嗒嗒，响得特别烦人，李蔷华冲过去，将它一把捏到手里，三下两下关停掉。

还是气盛，找不到出气的地方，妈妈猛烈地拉门，又想重新关上它，却被继父死死地顶住了，三个孩子，六只小手齐崭崭地伸出，紧拉住不放松，给继父帮忙。

妈妈你消消气，先歇着，让我跟爸爸说说话。

必须得有人站出来。李蔷华轻轻扯拉着衣角，从孩子堆里站出来，开口说话。

妈妈垂下双臂，背过身去哭泣。

江轮鸣笛，浪涛拍岸。李蔷华说：爸爸跟我们这个家庭建立的是怎么样的感情，已经有多么地深，这个不用我说，别人都看得明白。血跟水融和到一起了，你说还怎么可能分得开？就是你们两个大人分得开，我们仨孩子还是离不开他的，他是最好的父亲呀。今儿个这件事，赡养奶奶和负担那边儿子的生活费，我觉得养儿防老，天经地义，抚养孩子，为父责任，这里面的对错，还真用得着争什么议呀！

大人小孩，不知不觉，全家人都围到了她的身边，听她讲话。最后，李蔷华说出了自己已经盘算好的想法：将自己所有的小银包、金镯子之类金银细软悉数拿出来，部分让继父交给南京的前妻，留作供养儿子之需，其余都交给妈妈，支持家里日常开销；再是，把继父的妈妈、我们的奶奶接过来一起生活。

天大的事，就这么说过就过了。

说这么一篇话的李蔷华，刚刚踏进十七岁的门槛。

五口之家重庆出发，现在是六口三代一家人，下关坐上火车，呼啸着，过了无锡、苏州，驶进上海的老北站。

按照车上的商定，先找旅馆住下，由妈妈带上两个女儿，依照早先保留的地址，去找到原先哥哥被"写"给的"潘玉珍童子团"，却被告知早已离队而去。追问，才知道原委：有一次，在舞台上排练，因与人不合，受委屈的哥哥争辩了几句,被力大如牛的师叔一个大巴掌,从舞台前沿硬生生地打到了观众席的第十排。鼻青脸肿的哥哥再也回不去了,只好四处流浪,生活难以为继,最后沿街求爷爷告奶奶,被人收留,做了附近一条街伞老板的"跑街先生",即销售雨伞的推销员。

经过热心人一番复杂的指点,她们找到了一家专营黄色油布伞的小店,正是哥哥暂时"讨口饭吃"的地方。哥哥不在,母女三个决定等他回来。那个屋檐小得不能再小,根本就容纳不下她们三个,人家还要招揽生意呢。妈妈面露难色,做姐姐的当机立断,让妹妹和妈妈一边找地方歇着去,她一个人站那儿等。

李蔷华这一站就是近四个小时。这里跟外滩只隔开一条横马路,车来人往,几多繁喧,谁都不会想到,这个站在细雨中,嫩葱一般的小姑娘,就是唱《锁麟囊》、《亡蜀鉴》、《骂殿》的李蔷华!小小年纪,已经名传云贵川。

真是各人有各人的命运。这个时候,哥哥海海只能躲在布伞店近旁的树棵丛里,蹲着身子哭泣,任泪流满面,默不出声。

终于等来母子、兄妹相见相拥的时刻。正当他们抱成一团嚎啕大哭,雨忽然就大了起来,一阵紧过一阵的巨大雨声,瞬时将他们的哭声严严实实地封盖住,他们更是放肆地哭了起来,雨水、泪水,比赛似的流淌,一家子,似乎把这八九年的思念统统随着一场痛哭,没入了黄浦江不断起伏的波澜里。

哥哥一边哭一边说话,他说他是早已经看到挺立街边的大妹妹的,只是为自己的落寞感到羞愧,无颜站出来相认罢了,一次次站起,又无奈地矮回去,无比纠结。见到大家,却怎么也没有勇气立刻上前相认,因为他穿得太破烂,身子也脏得不行。就悄悄折回去,洗澡、买衣换装,尽量弄得"像样"。妈妈抹着眼泪,说他是傻孩子,再怎么样,都是我儿子,穿破点、脏点,有什么要紧,倒是见不到你,心里痛得慌。

认过继父,一家人算是一个不漏地真正团聚了。耽搁了这么些日子不演戏,李宗林抓紧时间,以"抗战小姐"的名义,很快张罗了三天"打炮戏",全是程派戏,演完了,正赶上端午节,就入驻旧上海二马路的"大舞台",最初上演的就是《白蛇传》。

为什么是《白蛇传》?许仙白娘子,昆仑山盗仙草,应这个端午节,叫应节戏。因他们是带戏班的完整剧团,所以被要求演全本的《白蛇传》,且是用上了时髦的新花样:机关的布景。这部戏,一演就是整一个月,还不叫停,大有再连续演下去的势头。

李宗林坐不住了,他焦急地对李蔷华说道:这怎么了得?不能这样唱,无论如何,要叫停了,明白不明白,这是要毁了艺术的。

继父是很有自己想法的一个人,他对戏剧的继承、改革创新都是有独到想法

1945年，李家四兄妹在上海

的，靠一些机关布景，雕虫小技，取悦观众于一时，表面新鲜闹猛，实际表演整个会松下来。这么个改法，不如不改，不能长进，反而在走下坡路，很危险的。李蔷华觉得继父的思考有道理，唱满了一个月就不再续约，正巧接到南京大戏院的邀请函，就顺水推舟，答应了对方的邀请，匆匆离开了十里洋场的大上海。

踏上开往南京的火车，放置好行李，人入座，一阵忙乎，车就过了南翔站。才坐下的李蔷华，又站了起来，拉起哥哥的手，说有话要说。说着两人就移步到了靠近车门口的甬道。哥哥不开口，等妹妹开口。李蔷华说：这个话本当早该跟你说的，我们三姐弟，已经跟继父李宗林改了姓，姓李了。

这个不用你介绍，大舞台这么大的海报写着你李蔷华大名呢，有眼睛的都看到。上车时还跟妈妈有说有笑的海海，立刻把脸沉了下来，说：接下来，你是不是要劝我，也把姓改掉？

还没等李蔷华点一下头，唬着脸的哥哥就"呼"地别转身，眼珠死盯住门窗外飞快后移的房屋田野，狠狠地说：除非让我死掉，姓氏，我这辈子是不会改的。

李蔷华心里是早有准备的，之所以把这个话拿到今天才说，她觉得要给哥哥时间，要给他说他们在重庆等武汉来船的事，特别要给他说说继父，详详细细地说，他是如何把自己培养成个人样子的,要说清楚自己这些年的感受:"你离开了家,父亲又没了音讯,妈妈带我们几个,不改嫁,还能怎么办?我们家,就是一条断樯折楫的破船。一条破船被扔在了汪洋里,要没有他奋力地帮助划桨,怎么能安全抵达岸滩,咱兄妹哪里会有这见面的一天!听妹妹我一句,继父对我,对我们这个家,那真是有恩的。没有他,我们几个活不活得下来都是问题。知恩图报,我们得记住。"

在这个家庭里,李蔷华明白,自己必须得是个角色。曹雪芹描述秦可卿的闺房,大笔一挥,给挂了一副对联,写的是:世事洞明皆学问,人情练达即文章。少女李蔷华在云贵川转,终究不是白跑的,舞台小天地,天地大舞台么。

在这个火车甬道,李蔷华一直说一直说,说了多少话,难记真切,哥哥没有话,只是哭只是哭,泪水涟涟。李蔷华清楚,并不指望哥哥能立马转过弯来,但一定得把经过的事,自己的想法,统统告诉给他听,做妹妹的知道,他是多么传统、多么固执的人。那天走出南京站时,传统固执的哥哥,自顾自走在头里,他背在肩上的包袱在一抖一抖的,月台人声喧哗,哥哥还在无声地恸哭。

因为千里寻哥,李蔷华的演艺生涯,从云贵川转移到了沪宁一线,南京大戏院一炮打响,南京红过后,又回到上海,转而又去苏州,苏州还没结束,南京又来请了,还是演一场火一场,因为上海催得紧,不得已才撤了石头城的戏。《碧玉簪》、《鸳鸯冢》、《青霜剑》、《女儿心》、《四郎探母》、《玉堂春》、《桑园会》等程戏,一出接一出地演,无论扮相、外形、内神,都让人耳目一新,在这些江南古城的老戏迷眼里,李蔷华做到了无可挑剔,赢得一片片掌声、喝彩声。

随着舞台艺术的日臻完美,李蔷华开始有自己独特的艺术追求,比如她对服饰尽善尽美的要求,简直就是不遗余力的,苏州的材料、工艺顶尖,她专门去那里订服装,她舍得在这方面大把投入。她认为服饰是整个舞台艺术不可或缺的重要组成,一定要新要美要靓,要与众不同,才能吸引观众,要关照影响整体的所有环节,光顾唱怎么行。观众看戏看什么,不就是看这些枝枝节节的地方嘛。

有一次,还是在南京大戏院,离正式演出还有相当一段时间,李蔷华跟平时一样,早早地到达化妆间,开始认真上妆。妆容还未过半,前台老板冒冒失失地冲了进来,说是有一大群记者,点名要您接见。李蔷华不悦了,接受采访是常有的事,都是提前有招呼的。老板说,照理应该是这样的,可他们就这么突然地出现了。

李蔷华就说:规矩可不能破坏的呀,那就让人家等等,等化完妆,再见吧,万一耽误了演出,谁都担当不起的。老板觉得她的话在理,结果,是等妆齐了后才见记者。为这个事儿,有的记者就不开心,批评说李蔷华脾气大、端架子云云。李蔷华不能接受,这个时候,谁最重要?在演员眼里,观众就是衣食父母,关系舞台的

《碧玉簪》，李蔷华饰张玉贞（1946年）

事，最小也是大事，丝毫不能马虎。

那段绕着长江来回的日子，演出密度特别大，幸好年轻，每天还是都挺过来了。有一天，苏州演归，火车返沪，北站下来，出月台，见到一辆黄包车，就打了招呼，跟车夫只说了声"福州路吴宫饭店"，上车就闭上了眼睛。

进了房间，李蔷华一头仰倒在床上，心里说，该好好息一息。妹妹也是，赖倒在另一张床上，没想再动弹。与平时一样，李蔷华与妹妹薇华共用一间房。就在这个时候，妈妈推门进来。她的脸色很是难看，李蔷华还以为与继父斗嘴了。

妈妈慢慢晃晃脑袋，她是有消息来告诉女儿，一个任谁都没有想到的消息：你们的亲生父亲找上门来了。初听到，确实让女儿们大大地吃了一惊。

原来，那年在武汉，也许他根本就没有上那条船，也就没有被日本人炸死这一说。究竟是怎么回事，这些年他是怎么过来的，他都是支支吾吾，没有说清楚，秦如冰也就没有问。他是从报上登载的演出广告，知道她们娘儿们行踪的，至于为什么早不认晚不找，这个时候寻上门来，他也没有说，她们也没问。很奇怪，也许因为他的为人，他曾经心狠手辣，加上九岁离开就没有他的音讯，有了时间的打磨，特别是生命中有个李宗林作了父亲的参照物，这个人的再度出现，让李蔷华的心湖，未起微澜，有的只是淡然。

话这么说，处理还是得谨慎妥帖，万分小心。这就是伶人的难处，本是顺理成章，谁都能够理解、能够说清楚的事，就是不能说，得躲藏深埋。绯闻说，古有之。豆腐里挑骨刺，无风掀大浪，再干净的白布，芝麻大一点事，顷刻间会被染得墨黑。

这就又得回来说哥哥。沪宁火车上谈话之后，忙于到处演出，手头宽裕起来的李蔷华，记住哥哥的困难，自己房子还未落实，先就在上海五马路顶了套大前楼，单独给哥哥置了房子，同时，帮他成立了他当老板的杂技团，哥哥的杂技团就叫"李棠华杂技团"。

"李"姓是哥哥心甘情愿冠上去的，"棠华"呢，与弟弟"棣华"一起，出自继父的智慧，蔷薇、棠棣，诗意，素实。有了棠华杂技团，哥哥的腰背硬了，他的师叔伯师兄弟，都聚到了他的团里，瞬间有了人气。

有一天，见妈妈又在叹气，李蔷华就问何故，妈妈说：你没有看到，哥哥的团里空的呢，怎么出去挣钱？

李蔷华接口道：这个好办，我马上给他置新的。

李蔷华知道，儿子是妈的一爿天。哥哥不就是缺行头吗，成都川绣有名，她在那里是狠做了一批戏服的，妈妈是眼热这个。服装是舞台艺术的重要组成，剧团置装，李蔷华从来大方。南京、苏州演出后，她就在苏州落脚，苏绣名播天下，除了自己剧团再置新装，她为哥哥的杂技团新做了一堂黑色戏装，上绣三条纯黄金亮的龙，又一堂白色新装，令人耳目一新，妈妈和哥哥，自然开心得不得了。

安置生父熊省吾的事，哥哥是最合适的人选。很快有了对策，让生父落实在哥哥的杂技团，随他愿意，帮助搬搬弄弄，打打零杂，凭借人情濡沫，安置他的下半生。

第五章

师恩难忘

> 程先生有不收女弟子的规定，我只能算是他的私淑弟子，没有师徒的名分，并不影响我学习继承程派艺术的努力，学戏路上，我对程派艺术忠贞不二，几十年如一日，能走到今天，全靠了无数优秀的前辈艺术家对我的关心帮助，对他们，我永远心存感激。
>
> ——李蔷华

请来徐碧云师

1947年，梅兰芳大师最疼爱的弟子、"四小名旦"之一的李世芳，从上海虹桥机场出发，去青岛演出，不幸飞机失事，意外离世。其时，适逢李世芳的妻子临盆，正值孩子呱呱落地时，传来年轻的父亲的噩耗。呜呼哀哉，好好一个家顷刻之间倒塌。

不幸发生之后，忙坏了梅先生。

全力帮助料理完后事，还来不及走出悲伤，梅先生就作出决定：通过自己的影响力，组织义演，为李世芳遗下的妻儿筹钱，以安顿他们的生活。名伶就是这样，有名气，在台上演出时，能挣许多的钱，一旦出事，断了来源，就会非常无奈。

从确定曲目、决定演员阵容，到安排正式演出，梅先生没有耽误一天。剧目确定是《八演五花洞》，讲的是庙里众多妖魔鬼怪的故事。也有《四演五花洞》的，梅先生定的是八演，一真七假，八位坤旦，全由女演员出演，主要演员都是梅先生亲自点的名。

有秦慧芬、海碧霞、于素秋、曹慧麟，有梅大师的女儿、梅葆玖的姐姐梅葆玥，有后来去了台湾的顾正秋，还有她李蔷华等。说起于素秋，她的父亲于占元，就是后来香港"七小福"的班主，成龙、洪金宝他们的师父。这次义演，梅先生的认真超乎想象。服装方面，他为每位演员专门定制了一套演出服，还让大家都到他马思南路121号（今思南路87号）的家里去试穿，一个一个地，亲自过目，看着你穿戴整齐，看着你走步，梅先生那认真专注的目光，李蔷华记得分明。

  他作出规定，这么多演员，必须每天去他家报到，他天天亲自到场排戏，一点不含糊，远比他自己演出还上心。这让李蔷华立刻想到继父讲过的故事：梅大师在沪举行冬赈义演，券资悉作赈助贫民之费，所邀义演者多为伶界名角，因为大家仰慕梅大师的声望，捐资者信任之，解囊倾箧者众。那一年是1926年，三周年后，李蔷华出生。

  那阵子，她们八个女伶每天都在南昌路梅宅练功，梅兰芳的太太福芝芳和俞振飞的太太黄蔓耘是牌友，她们这边在说戏，他们那边在打牌，俞振飞也在，他穿着长袍子，翻出白色的袖口，两手往身后一背，就站在边上看。这是李蔷华生平第一次见到俞振飞。

  大师就是大师。这一次短暂义演活动，跟梅先生学到的东西，三言两语说不了。但是，若因此，让李蔷华说"我的老师是梅兰芳先生"，或者，"我跟梅先生学过戏"，她是断然不会说出口的。

  这是李蔷华的脾气，与别人无关。

  接着说参加梅先生义演上一年，也就是1946年的事，李蔷华在上海也顶了房子，经过多年飘荡，一个家总算又落了地。这一天，阳光里，李宗林捧个报纸在读，一椅一茶，悠然自得。他的习惯是角角落落都看，这时正看到报尾，盯住一篇豆腐干小稿，反复看，末了，他呼叫来女儿蔷华，一起，字字句句看。

  每天，李宗林有买报读报的习惯。他有观点：我们做戏的，也要眼观六路，耳听八方，信息多了，观众的心理能了解，戏就能入人心。过去上海有一份叫《罗宾汉》的小报，专登一些文艺界的大小事情，他喜欢买来读，有关徐碧云的这篇小稿，就是让他在《罗宾汉》上意外发现的。

  徐碧云是著名的京剧旦角。梨园世家出身，清末著名小生徐宝芳之子。他的哥哥，就是梅兰芳的当家琴师徐兰沅，一把琴闻名天下。徐碧云擅长舞台艺术，文武齐长，青衣、花旦、小生戏俱佳。唱念刚劲有内涵，表演洒脱自如，且善编演能发挥自己艺术特长的新戏。当年《顺天时报》发起选举"全国新剧目最佳旦角"的活动，最终当选的是梅兰芳的《太真外传》、尚小云的《摩登伽女》、程砚秋的《红拂传》、荀慧生的《丹青引》，以及他徐碧云的《绿珠坠楼》。这就有了名副其实的"五大名旦"之说。较之其他几位，徐碧云只是没有形成自己的独家流派罢了，艺术上实在是非常优秀的，尤其是武功，《绿珠坠楼》除了大段唱腔外，就是最后一场绿珠要从三张高桌的布景摔下，用抢背下来变僵尸倒在台上。他一边唱，一边跑圆场，于唱跑中渐登高楼，再从高处腾起跃下，那一番功夫，谁个能够比得！

报上细说分明。徐碧云先生现在很潦倒,说是为了什么原因他离开北京城了,这个"五大"的称号也跟着没有了。社会上有了所谓"四大霉旦",就是说旦角行里面,四位未得一辈子大红的演员。这四人的说法不太一致,公认的必有两位,一位黄桂秋,一位便是徐碧云。他辗转来到上海,住在离市区很远的西郊,老少辈两对夫妻,栖身小而脏的旅店。小,小到走廊不能容二人,两人相遇,必须得让一人先过。脏,脏到老鼠沿房梁散步,蟑螂与房客争食。堂堂大名旦,连这样的住处都付不起房租,这还不算数,报上讲到,他们一家,已经连支付饭钱都困难了。其境之窘,令人扼腕。

这件事,首先触动到李蔷华天生对弱者的同情心,父女俩先去了西郊拜访徐家,发现实际情况远比报上介绍的还要糟,她当即便有了主意。

不久,李蔷华就有了手笔:掏出整八两金子,顶下了善钟路(今常熟路)上的一幢房子,让徐碧云一家搬了进去,这房子有一个前楼和一个亭子间,住下老夫妻和儿子媳妇,很是适意,和之前相比,真乃天壤之别。

八两金子,在当时,于她也不是个小数目。

这件事,在继父方面,求师方面的利益考虑重一些,在女儿方面,敬重名伶长辈,能助且助的古道侠肠多一些。其时,李蔷华自己家住在大胜胡同,也就是现在的华山路251弄2号,希尔顿酒店对面,与新安置的、现在淮海西路的徐家比肩相邻。这个,显出她的精心了。如此安排,无论是徐碧云过来教学,还是李蔷华过去讨教,你来我往,很是便利。

李宗林何等样挑剔的人,对徐碧云是早就有分析的,从艺术上讲,徐碧云拜梅为师,宗的也是梅的艺术,他的嗓音天赋好,尤其武功好,小生的翎子功堪称一绝,时人称之:徐碧云的武功、筱翠花的做功、黄桂秋的唱功,那是"三绝"。他作出的判断是,徐先生虽然不是唱程派的,可是他的功夫好得很,标准是个有真本事的人,跟他学,对整个表演艺术的提高会有特别重要的意义。果然,生活安定后的徐碧云,因着感激李蔷华雪中送炭,带教更是一心一意。

徐先生安排了一出《巴骆和》。实际上是武旦戏,还要大棍子的,李蔷华台上不演的,但是继父坚持要她学,咬定对艺术修炼有好处。李蔷华言听计从,刻苦求学。老师认真,学生更是虚心,一套剑术,从头练起。这种看似偏行的功底,让一个以程戏为方向的女伶有意外收获。孰不知,程先生的戏,像《红拂传》,有舞剑,程先生是很有武术功力的,台上用的都是真剑,那个沉甸甸,李蔷华这样的女演员,提都提不起的。程砚秋儿子程永江就明白对别人说过,家父到日内瓦还教给人家太极拳呢,他就是不演戏,专做教武功的武术老师,都可以维持生活。李蔷华想得明白,你一门心思学程戏,这个舞剑,武功跟不上,怎么能学到神似?手不到意到，你得有这番功底。

没二话，跟着徐碧云，起早贪黑，算是在武功上得到真传，武术功底上来了，演《红拂传》，虽然动不起真剑，然而，上得台来，李蔷华起舞一套剑，动静之间，一招一式，眼亮的人，一看就明白，不就是徐碧云的翻版么。

当然不光是舞剑。

李蔷华第一次在上海演的《春闺梦》，戏里的小生，就由徐碧云先生推荐，让他的儿子给配的，李蔷华则根据他的身段，专门请师傅为他现制了一套行头，为演出增色不少。

如此，闻鸡起舞，言传身教，徐碧云尽心带教了一年多。

毕竟李蔷华"一心向程"，而徐是梅派，是徐的一块心病，他就一直生着心。终于出现了另一位徐先生。跟徐碧云仅一字之差，叫徐慕云，著名戏剧理论家、戏曲教育家，看过李蔷华饰王宝钏的《武家坡》，很喜欢，知道她有拜见程先生的愿望。这位徐先生被她对程砚秋先生和程派戏执著追求的故事所感动，自告奋勇说：我和程先生关系很好，我带你去。正是通过徐先生的引见，才使她第一次得以拜晤程砚秋先生。

才隔了一天，徐先生来了，只说了一句：明天，咱们去看程砚秋先生。

轻描淡写一句话，李蔷华一夜没有合眼。平常日子，李蔷华脑袋碰上枕头就会入眠，那个晚上，紧闭双目数数儿什么的，就是睡不去，满脑袋瓜都是程先生，一会儿是戏装，一会儿是日常扮相，因为过于激动紧张，第二天起床，镜子一照，眼睛都有了血丝，面色黄兮兮的，吓自己一跳。

徐慕云已向程先生作过介绍，所以，甫见面，没有废话，开门见山，就让展示身段，听演唱。日常生活中的程砚秋，正如别人所说，庄重严肃，看得很仔细，听得很投入，李蔷华在程戏上下的功夫，在不到三个小时里，点点滴滴，都让他给发现了。

程先生双眸紧紧盯住李蔷华，不住地点头赞许。一旁的徐先生很是激动，不失时机地，重复说起她的优秀来。程先生频频点头，表示赞同，还连说了两句"非常喜欢"。

有大师这些话，李蔷华足矣。喜欢归喜欢，规矩归规矩。程砚秋一生，对自己要求极端严格，平日生活，倘有女性在，总是眉不轻扬，目不斜视，一生无二色，立下"不传女弟子"的规矩，即使男性，他收徒也是极为严苛的。当时北京就有一位演员，一辈子唱程派，非常不错，已经产生了社会影响，北京上海到处演，观众都有叫"新砚秋"的了，因为是个女的，多少人来说，还是不行，不能收。这位优秀的程派女演员，直到在南京去世，都没有能获得程砚秋的亲自指点。

程先生真是周到仔细。就师承问题，那个上海的难忘的暖融融的午后，他慢慢给李蔷华说道理：师傅徒弟，拜不拜，都只是一个形式罢了，不一定非得拜呀。事在人为，你这样完全刻苦自学不是一样学到真本领了吗？程砚秋郑重地对她许下承诺：只要你喜欢，只要我会的，你想学什么，你随时都可以找我，我都跟你说。

见过大师，李蔷华对自己学习程派的信心更足了。

她边琢磨边向徐先生学戏。虽然徐先生会教的《红拂传》，属程戏中最显单薄的一个，但为此练功打把子是下了狠的，还有《大劈棺》、《纺棉花》，通过这些徐先生教的戏，有过比较，对程派更加不可动摇。功夫不负苦心人，1945年底，李蔷华就能与顾正秋等著名演员同台演出了。花这么些工夫，跟徐先生这一段，遥望程派是一座山，她愿自己是满目葱郁中的一棵树。

最好的周长华

还是在游走于沪宁线时，1946年，李蔷华在旧上海二马路的大舞台（今人民大舞台），有过连演一个月程派戏的记录，剧目是《碧玉簪》、《鸳鸯冢》和《青霜剑》。也正是这一年，在阔别四年后，程砚秋的秋声社重返上海舞台，他在天蟾剧场连续上演了包括《锁麟囊》、《春闺梦》在内的诸多名剧。程先生的《女儿心》里，袁世海的巴腊、魏莲芳的江花佑、俞振飞的小生，连演三场，李蔷华是每场不落，因而熟记在心。正是这个机缘，让李宗林和周长华先生有了较多的接触机会，敲定了周先生指导李蔷华的大事。

以好交朋友出名的李宗林，在胡琴界有五位最要好的朋友，且是正式拜了把兄弟的铁哥们，按年龄排座次，他李宗林是老大，周长华坐第二把交椅，然后依次是老三颜慧春、老四沙绍春和老五吕祥麟。

1907年生的周长华，是有大本事的人，他是集京剧琴师、作曲家、乐器工艺家于一身的梨园高人。1933年程砚秋先生游历欧洲归国，重组他的鸣和社，聘周长华为琴师，直至1942年程先生在北京前门车站遭汉奸殴打，谢绝舞台隐居京郊务农，周长华才离开鸣和社，他是程中期鼎盛时最重要的合作者。周先生虽比程先生年纪小，凭他的智慧和功底，在程先生的唱腔上面，也是起到很大作用的。他与制琴名手史善朋合作，设计制作了声调低沉宽厚的新胡琴，用云母片取代蛇皮蒙筒，琴筒放大外箍铜圈，音色为之一变，这把独特的胡琴只为程砚秋伴奏时使用，首用于《锁麟囊》。

在李宗林的精心安排下，周先生住到了李蔷华上海华山路的家里，这一住，整整三个年头不动窝。其间，凡程砚秋先生有演出，就会有电报直接打到李家，周先

周长华与李蔷华、李薇华姐妹（1947年）

生接报后起驾前往，多为北京、天津和上海本地的，戏毕，哪儿也不去，哪儿也不逗留，会直接回到李蔷华这里，会对李蔷华说：蔷华，咱们继续。

周长华有一个嗜好，喜欢喝点小酒，攒上一碟花生米，配两个小菜，一边咪酒，一边慢悠悠地给李蔷华说戏，他很会调节气氛，说到沉闷了，便穿插讲讲北京老梨园的掌故，让李蔷华在快乐中获得了更多知识。周长华幼年曾拜王月芳为师学老生，搭杨宝森、王少楼、吴铁庵等演出于北京三庆园，十八岁倒仓后，改业操琴，傍朱琴心、杜丽云、华慧麟、徐碧云、言菊朋等，也曾给程派名伶新艳秋、陈丽芳拉过戏，琴艺精湛。所以演员在台上的一切，他都清清楚楚。

看到李蔷华对程派艺术这么钻研，周先生还请来了与程砚秋情同手足的旦角吴富琴辅教身段，程砚秋的词怎么唱，动作怎么做，水袖怎么甩，周先生，有时候是吴富琴，全都能说得头头是道，这对于李蔷华的帮助无疑是很大的。

在周长华住在家里带教的三年里，给李蔷华最大的帮助，是他细仔准确地传授了程派的私房戏。梨园界有种说法：程砚秋太独。这主要是指他的私房戏不肯轻易传人。但是，程先生觉得这样做没有什么不对，他说："中国几千年遗留下来的什么'祖传秘方'、'私藏珍本'等等，不也全是这样独吗？"这话起码能说明，要真正学到程戏的精髓，得到程砚秋本人亲传直授，难度是非常高的。对程派私房戏的洞悉掌握，除了程先生本人，恐怕很难有人能超越周长华了。破例得到周长华如此居家指教，真是李蔷华的福气。

程戏，少娱乐，重思想，正合李蔷华对戏文的理想。《亡蜀鉴》，写了一个反对她丈夫投降、有正义感的夫人。《春闺梦》，1932的作品，反对内战、军阀混战；《青霜剑》，反对恶霸的；《碧玉簪》，反对旧婚姻。继父对这些戏特别钟爱，反复讲，反复演，熟稔心胸。过去，常演的是《孔雀东南飞》、《春闺梦》、《碧玉簪》、《锁麟囊》、《王宝钏》等，有十几、二十部戏，周长华后，就以《荒山泪》、《春闺梦》和《锁麟囊》三部戏为主。

李蔷华与"通天教主"王瑶卿（1947年冬）

周先生又是热情之人。1947年岁尾，在北京，经他牵线引见，李蔷华与"通天教主"王瑶卿先生有了一次宝贵的见面机会。

会面时，"教主"照例先提出看李蔷华的戏，李蔷华演了，王瑶卿看过后，兴趣大增，就戏论戏，有一番指点迷津，还单独与李蔷华拍了照，李蔷华还郑重其事地行了拜师之礼。这个事，对于当年李蔷华那个年纪的演员，可以毫不夸张地说，已经是个传奇。

王瑶卿，威震四方，在戏曲教育方面堪称一代宗师，在梨园界被尊奉为"通天教主"，精通戏曲，独树王派，与谭鑫培并称为"梨园汤武"。四十六岁时，因"塌中"而离开舞台，四大名旦全都是他的学生。梅兰芳说，自己是"按他的路子完成他未竟之功的"；程砚秋能够扬长避短，创造出"程腔"，就是在他的直接指导下完成的。

能被"通天教主"认可，收为徒儿，能从他身上学到几招，这在京剧界，对于演员个人，当是求之不得的大好事。李蔷华一贯的脾气，关乎名头的事，自是看淡。这个事，过去她从不跟人提起，她到八十岁都没有对谁去说，与王瑶卿的合影更是藏在箱子底，从不示人。李蔷华一直认为，王瑶卿这个辈儿，也实在太大了。虽然是个事实，她觉得还是不提为好。与其提这个那个老师如何如何，还不如多多钻研他们艺术上的过人之处。大师是自己永远的榜样，能有多少影子投到自己身上，才是正经。

当时，周先生这般"人太聪明、肚子太宽"的名家，有多少人希望拜到他名下学艺，为什么独独自己能够得到他如此厚爱呢？除了李宗林的努力，李蔷华心里藏着一个令人信服的秘密。

说复杂也简单，其时，周长华爱上了颖若馆主，而这位馆主，不是别人，正是李蔷华艺术上的知己，又是她无所不谈的闺中密友。她们两个是那么地投缘，那么地友好，不是亲姐妹，胜似亲姐妹。

颖若馆主名毓珠，生于1917年，程派名票，"颖若馆主"是她的艺名，更响亮的名字叫盛岫云，上海滩交际明星盛五小姐。她的祖父盛宣怀是清末李鸿章身边的文官，阶至尚书，抓住洋务运动机遇，创办了轮船、铁路、邮电、钢铁等大企业，成为上海第一豪门。苏州名园留园，早先是盛家经营的产业，园内最负盛名的乃冠云、瑞云、岫云三峰。盛宣怀特别钟爱他的三个孙女，便将这三尊太湖石峰的名字，分别冠于他的宝贝孙女儿们，意为永久留念。

盛五小姐，作为巨绅盛杏荪的爱女，长得眉清目秀，被父母视作掌上明珠，虽早年曾赴美国圣约翰大学读书，但自幼酷爱国粹京剧艺术，对程派艺术更是深迷若痴，她的程派唱得极好。共同的趣味，让她自然地与李蔷华成了情同姐妹的知己。

1947年，周盛恋修成正果，好友盛五小姐下嫁周长华，李蔷华自然非常高兴。住在李家的周先生建议让李蔷华灌《梅妃》的二黄慢板一段，还有《女儿心》，这些都是程先生没灌过的。

大中华唱片厂找到李蔷华，要为她灌唱片。李蔷华请教周先生：这么多戏，灌

"庆回归京剧大汇演"李蔷华与盛岫云（左）在香港北角新光戏院（1997年）

哪部好呢？周先生讲了个原则：你要灌程先生没有灌过的戏。周先生进而介绍，《女儿心》整出戏，和《梅妃》中《别院》的一段二黄慢板，没有灌过。李蔷华采纳周的建议，灌了四张唱片，三张《女儿心》、一张《梅妃》。后来又有《四郎探母》、《玉堂春》、《桑园会》等作品，通过灌唱片传世。都是周长华的胡琴，盛五的反串小生。《女儿心》里，前三句小生，就是盛五小姐盛岫云唱的。

接受周长华先生的教导，李蔷华有了长足的提高。越是这般，她越会感觉到继父的了不起。

之前，五六年了，艺术上都是继父为师，剧情是怎么回事，都是他一点一滴教会的。入到戏的细部，你知道此处感情应该什么样儿吗，都是从继父那儿来的。文化、艺术、做人、处世，包括字儿，这个"天"、"水"，草书该是怎么写，都是他教的。整个是所学校。来了周长华，李宗林立刻作出调整，自己放低姿态，那个他坐了五六年的主胡位置让给周了，他甘为配角，且乐此不疲。没有李宗林这样的胸怀，就不会有周长华，更不会有后来的李蔷华。

如果"伟大"这样高贵的词，也可以用到普通人身上，李蔷华肯定会毫不犹豫送给自己的继父。

难忘的航行

有程砚秋的琴师周长华住在自己家里，对于程先生的演出动态，李蔷华了如指掌。只要是在上海，程先生唱到哪儿，她就跟到哪儿，程先生唱几场，她就听几场。有时候她自己有演出，跟先生的演出冲突了，她就和妹妹薇华商量，调整两人演出的顺序，让妹妹挂头牌，自己唱压轴，为的是能赶上看先生的大轴戏。有时因为特别的原因，消息知道得迟了，临时赶到，只看了一点尾声，也会暗自庆幸：还好还好，总算还是看到了一点。

要说这一天，在跟周长华学戏这些年中，也算是个平常的日子。蒙蒙亮早起，师徒一起，练过功，吃过早点，只是接下来，他没有像平日一样，坐一歇，笃悠悠地喝杯茶，而是搁下筷子就立起身，等不及人站直呢，就开口说话：蔷华，过一歇我要去虹桥赶飞机。

这个，很突然的。前面提到，周长华住李家任"家教"这些年，除了教戏，隔三差五的还得替程砚秋先生司伴奏之职，但大都是程先生方面预先会来电报，周先生得讯后，安排下这边教学的事，然后出门前往，几成惯例，所以程先生的演出，李蔷华基本上都是间接地预先知道的。这次程先生有戏在天津中国大戏院演，不知是因为时间定得比较急还是其他什么原因，很难得的没有发电报来，是通过其他什

李蔷华在上海（1947年）

么渠道通知到周先生的，所以周先生也显得很是急迫，走得很是匆忙。

送老师到门口，鬼使神差似的，李蔷华在掩上门的一瞬间，突然开口问了一句：老师，天津的中国大戏院是在什么路上的？老师拿眼睛看看她，这问题来得唐突，却来不及细究，黄包车等在那里了，随口便作了答。

周先生早已走远，李蔷华还怔怔地立在原地。几分钟之前，还不是这样想的，就在周先生说要去坐飞机开始，她突然有了一个特别强烈的愿望：非常想看程先生天津的戏，他去天津演，一定准备得特别精心，特别好看。这个想法冲动起来，竟无法遏制，令她浑身暖烘烘的，异常兴奋。

远走天津观戏，最后成行的，除了她李蔷华，还有妈妈、妹妹、言慧兰和盛五小姐，一共有五个人。受她的影响，都是程迷，这个不假，但是能够达到千里赴天津的程度，恐怕不可否认有她游说的功劳。当然盛五小姐除外，周先生已经飞过去了，她这里，有爱情的力量。

这个1947年的冬天，特别的冷，450吨的船，才驶出黄浦江，大家就充分地领教了老天爷的蛮横无理，好像江内是一个天地，江外则完全是另一番景象，扑面而至的惊涛骇浪，让整日生活在市区的人，既陌生又害怕。

寒风，哪儿都不待，就顾一个劲儿地往领脖子、往袖口裤管里钻，越是往北走，风势越大，窗户明明是关严实的，就是不抗风，所有的细小缝隙都是冷风的天下，它们的威力如此强大，让她们都丢弃了平日最看重的仪容，一会儿让身子龟缩成一团，一会儿又不成体统地嘻嘻哈哈抱到一起，相互取暖。

更要命的还不是风，不是冷，是晕。在黄浦江上停靠着，这船还是那么不可一世地炫耀着庞大的身躯，漂入大海，与风浪为伍后，就显得如此单薄，轻飘渺小，像是任人把玩的一茎纤细的小草，拨东倒西，上浮下沉，根本就失去了自控的力量。人们把控不住地东倒西歪，脚跟就像安着滑轮一般失去了定力。好在慢吞吞地，船还是在按航向往前行驶的，好在水手船长都很沉稳，没有事情一样，各司其职，脸上挂的居然都是轻松的笑容。

船在东海、黄海里行走，笑容早已让风从脸上刮跑，清一色留存的，是严肃、尴尬、苦恼、有气无力、懊丧，铁青是每张脸上不可掩盖的主调。有说自己是头一遭坐海轮，有说早知道这么要命的难受，打死都不会坐这个船，有说这个去天津的馊主意到底谁头一个想出来的，抽她筋扒她皮。

闹哄哄的埋怨声在晕船时爆发，又在铁船咣当咣当的晃动中消失。船上一遍遍通知大家去吃饭，喊话过去一阵，满舱的人，竟然没有一个人站得起来。又来通知了，终于有人摇摇晃晃支起身，向着大菜间的方向，深一脚浅一脚地走去。

这个让人眼前一亮的人，是李蔷华。

没有人能去吃饭，就李蔷华一个人去了，尽管脚步也是颤抖着的。她是仗着自己从小练过功，抗得住折腾，就不乏勇敢地去吃饭了。吃这个饭，跟上前线战斗差不多。

大菜间那边备有西餐，看着恶心无比。清闲着的厨师，迎接她这唯一的女食客，格外殷勤地上来一道罗宋汤，才咽下去几口，立马就呕吐出来，再上一道，再呕，胃里硬是存不住食物。一次次吃，一次次吐，勇敢的李蔷华也只好空着肚子返回船舱，一路上大家用崇敬的目光看她，仿佛英雄凯旋，"虽败犹荣"。

待第二餐的喊声又起，她这个"英雄"也起不来了，跟着大伙儿趴在舱里，不吃不喝，样子跟死人差不多。实在饥饿难熬，是谁带有一小筐桔子，被发现了，都没有力气抓到手里，眼睁睁看着一个滚到脚旁边了，顺手掐到手里，塞到嘴里，哪有吃的胃口，只是吮吸一点酸酸的味道，算是过了把食物的瘾。

这样的生活，整整三天三夜，绕过黄海，钻进渤海湾，总算是熬到了天津。恍恍惚惚地入住一处叫泰莱的宾馆，人都已经坐到椅子上了，感觉还是在船上，晃呀晃的，晕头转向。

是夜，入座中国大戏院，看到广告牌写的主演程砚秋，剧目《文姬归汉》，精气神立马吊上来了，几个人疯子一样拥到后台，看到程先生端坐那儿，正在仔细地化妆。

李蔷华真切地看到程先生是看到她啦，看到她之后，先生的眼神里掠过了一道欣喜的光亮，跟着就开口说：你们都来啦？先生就这么一句问话，简单，朴实，多一句也没有。李蔷华听到耳朵里后，顿感这一路上的千般难受、万般辛苦，什么头晕、呕吐，瞬间都化为乌有。

进剧场入座不久，戏就开演了。程先生的身材，原本是很修长很漂亮的，这个时候发福了，他又高又大的，所以他一出场，台底下天津的观众，很自然地发出"哇"的一声，唱旦角的，怎么能这般高大伟岸呀。可是先生他一张嘴，一唱，台底下立刻就鸦雀无声，真是北京话说的：针别儿要掉地下，都能听得见声音。观众就这么安静。这场景，让一个终身研究程派唱程戏的演员永远忘不了。这就是程戏的力量、程先生艺术的魅力，他就有这个力量，能征服到这个程度，可以让你忘掉一切，全部精力集中到他的艺术中去。

第六章

觅知音

> 那时的环境坏透了,好像只要有钱,就能得到爱情,我偏不。那些有钱人再怎么追求,我都不答应,一想到自己走出去,被别人指着说,这是谁谁谁小老婆,根本就受不了。嫁人,要的就是名正言顺。
>
> ——李蔷华

蔷薇剧团

1948年开始,以李蔷华和妹妹李薇华为主演的蔷薇剧团,在上海、宁波、苏州、杭州、天津、西安、长沙、郑州、开封及苏北等地演出,这种疲于奔命式的频繁演出,辛苦是自不待言的,好在年轻,再累,睡一觉,第二天照样神气活现,挺有精神。关键是,一路演,一路雕琢,戏磨精了,各地观众的口味也熟悉了,技艺更趋成熟。

唯一的妹妹李薇华,打小就和姐姐一起唱戏,如花的一对亲姐妹,一直是继父拉弦,两姐妹唱戏,这个妹妹性格温顺,很听姐姐的,姐姐缺什么,她就给配什么,从无怨言。

因为家在上海,所以,只要外地演出一回到家里,旅途的风尘、疲劳还未洗去,李蔷华就会跑到外面去,跟差不多年纪的女朋友结伴上街去,放松放松。那次,跟女朋友在南京路七重天,女朋友要蔷华唱歌。唱就唱,她张口就来。当场引来了大家的注意,普通玩玩的地方,哪里来这么好的嗓音,女朋友为她骄傲,李蔷华也很开心。哪料到,就是这次七重天活动,引起了一个人的注意。

这个人还真有办法,会找到仇兰替他说媒来了。仇兰是1942年妹妹在成都拜的干妈。开始,他客客气气地请李蔷华吃饭,说他名下有两个牌子的绒线,叫金钱牌、美女牌什么的,请李蔷华做广告。因为有干妈介绍,李蔷华答应了,拍了照片,不过没有用。突然有一天,有人送家来全套的牛皮沙发,一个红木桌子,四把

李蔷华在上海（1948年）

红木椅子。一问，是他送的。

李蔷华说：不对劲儿呀。

妈妈说：怎么啦，有什么不对劲？

李蔷华说：替他拍的广告又没用，为什么要送东西？

妈妈说：哪管那么多？送上门的，用呗。

他约她出去喝杯咖啡，地点在跳水池对面的叫阿根廷娜的舞厅。李蔷华总是与薇华妹妹同行，他也叫来一位姓陈的朋友，让他邀李薇华一起跳舞，一支曲子连一支曲子，自己跟李蔷华坐那儿说话，中心意思是：我喜欢你，能不能嫁给我？你要什么，我都可以给你。

之前，这个人带李蔷华出去过几次，都是用他的私家轿车，有意无意地安排去杨浦、外滩这种地方兜风，路过一家毛纺厂、一家绵纺厂，说是他的产业，指着门面气派的一处建筑，说是全国唯一专门生产人造丝的工厂，也是他名下的，连外滩的和平饭店、当时的惠中饭店也说是他的。

这个人拿金钱财产说事，其实是不了解李蔷华。那时的李蔷华，年轻、漂亮、才华横溢，多少富家子弟众星捧月一般地捧她，鸽子蛋大的钻石，直接往戏台上扔。说明什么？说明认为财富能够买到人的人，骨子里就是看不起唱戏的。而李蔷华最鄙视的，也正是这样的人。

他是一开头就打错了算盘，且一意孤行。看看李蔷华不答理他，就搞迂回，今天送妹妹英国料子，明天给妈妈搬来电风扇、无线电。临了，搞大了，新装修了惠中饭店底楼，给李蔷华过了个风光隆重的十九岁生日。

不能再这么敷衍下去。之前，给过脸色看，无奈他这个人脾气好，不介意似的，还是要来往，想想也就吃饭、跳舞，一些年轻人间的、多半逢场作戏的应酬，心一软，每次还是答应见他。过过生日后，李蔷华跟他有了正式的谈话，方才知道了他家里的情况，他有四房姨太太。

李蔷华说：没有这些事，我们的事也是缺乏感情基础，我认为不可能，知道有这些事，换别人可能行，我呢，志向立下的，不会给人做小。所以门关死的，根本没有了可能。

他说：我跟前妻办离婚。

李蔷华摇头：不是离不离的事，你的环境不适合我。你要都离了，我更害怕，你今天能娶我，娶老二，明天就可以娶老三，后天可以娶老四，你有的是钱，娶多年轻的都行。

这个人当真不死心，之前，他已经大手笔下去了：花一千两百两银子，在上海东湖路，买下了总面积一亩八分地的大宅门，就等李蔷华答应结婚，搬进去做新房。他都带李蔷华去这个豪宅了，把钥匙都插进门锁孔了，李蔷华站在门外，纹丝不动：要进你进，我不进去。她明白，进了这门，就完。

在那样的社会环境里，一个演戏的，被有钱有势的人盯上，往往仗势欺人，硬性霸占。像这个人，想得到你心，跟你讲道理，你得有耐心陪他磨。更何况，在看他工厂的那天，说自己的奋斗史，怎么从江阴老家出来，一步一步走到现在，若能早几年认识，他什么都不要，就要她这个人。言辞不可谓不真诚。

人家真诚，李蔷华也不会虚情假意：你说卖掉家产，周游世界，远走高飞。不可能指望客死他乡吧，你还是要回来，回来怎么面对原来的一切？带我隐居？春秋时的范蠡似的？在今天现实吗？话都是真心，对方只好沉默。

日子还是一天天过。看到李蔷华的态度实在坚决，这个人就改变方式接近她，不谈爱情，只是普通朋友一样，邀你喝喝咖啡，喝喝茶，跳舞也从未单独约她，好多熟人，一起跳跳舞，海阔天空地聊天。这样正常的交际往来，李蔷华只要有时间，一般都答应他。

有一次，这个人请她去百乐门跳舞，一曲舞罢，坐那儿聊天，过来一女孩，十七八岁的样子，梳两个鬏鬏，胸前戴了朵花，肤色挺白净，看着很顺眼。李蔷华就让她过来，一起坐坐，知道她叫丁静，是经常来百乐门跳舞的舞女。坐了一会儿，姑娘欠身离去，李蔷华顺着自己的感觉，跟这个人说：我看这个女孩蛮不错，要娶，你就娶她吧。多少年之后，这个人果真按李蔷华的话去做了。这是后话，容后

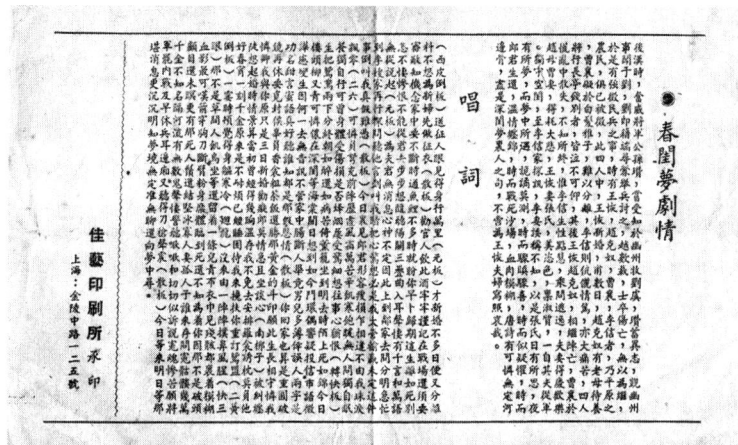

李蔷华在上海演出《春闺梦》的戏单（1949年1月）

再表。

李蔷华的爱情观，实不是一夜之间形成的。

就在这当口，李蔷华结识了京剧票友丁存坤。一来二去，李蔷华有了主意。丁存坤人长得好，戏唱得好，没有娶亲，跟他在一起不拘束，谈话投缘，就这些普普通通的条件，她认为可以下决心做王宝钏了。

台湾行

跟丁存坤恋爱的事，传到了母亲的耳朵里，她表示坚决反对。河南人，做皮货出身的人家，住五马路那个破街，家里那么个小房子，她是死活不会同意的。女儿的固执，做娘的也是领教的，所以也不打算硬争，着急在寻办法。

1949年5月，终于让她等到个机会。

名票啸云馆主王振祖正在京剧界号召，组团去台北演戏。母亲听了，当个喜讯，瞒着李蔷华，跟言少朋签了去台湾演出的合约。等李蔷华知道时，生米已经煮成了熟饭，名单都已经敲定，不去也得去。合约规定演出分成，李蔷华拿小银包，即二十两银子她只能到手二两。母亲说：你不去？你知道，要是不去了，得赔人家一个月全部的损失呀。

花招，她知道后果。母亲的意图很清楚，别的没有什么路，只要是去，就有希望断了与丁的关系，她以为得逞了。

跟母亲没法商量，就跟丁存坤紧急磋商，她先随团去台湾，让他随后赶到，演完了回上海结婚。

1949年5月17日开的船，王振祖率领的中国剧团，除了李蔷华、李薇华姐妹，还有李玉蓉和老生言少朋、张慧鸣、金鸣玉，武生李桐春、李环春、李凤翔、熊宝森、王永春、陆锦春，花脸牟金铎、郭鸿田，文丑董盛村，武丑景正飞、沈连生，文场周长华、唐凤楼，武场吴懋森等。

李蔷华住在头等舱，休息时，看到船头站一女的，背影侧面都好像是嫂子，心头一惊，转身找来母亲问个明白。母亲吞吞吐吐，她果真是把哥哥杂技团的一帮人都带来了，她是有一个全盘计划的，九九归一，她所有盘算就是不能让李蔷华和丁存坤在一起，断了他们想结婚的后路。

到了台湾后，剧团按计划，先后在台北的新民大戏院和美都丽戏院演出。十多天后，丁存坤如约赶到了台北，他有个姨父在国民党任什么国大代表，他就住到姨父姨妈家里，静候李蔷华的动静。李蔷华按合约唱满了一个月，立刻宣布撤戏，再多一天也不愿意演。剧场急了，他们希望能多演，就托人求情。李蔷华就是不愿意再唱，她说：你就是把我拖到台上也不会唱，按武汉土话说，就是"认死扣"了。

这么多人，只有母亲知道，女儿这次为什么这么难商量，她心里那个急呀，一会儿轻声细气说软话，一会又呼天抢地说重话，李蔷华哪里肯听？她说：你说过的话，我记得分明，我是你亲生的，不是买来也不是领来的。我今天整二十岁了，让我做一回主，应该让我走了。说完，她离开了大家，真是头也不回，大踏步走掉了。母亲望着她的后背发呆，好半天没回过神来。

当时准备住这么些日子，保证这么多人的吃用开销，李蔷华是带着可观的一笔钱的，她知道妈妈这急，这也是一个大原因，她生怕闺女人跑了，钱也带走了。李蔷华首先得让妈妈放心，她回旅店做的头一件事，就是把钱聚到一起，存入了台湾一家银行的保险箱，她把保险箱的密码和印章这些，都交给了母亲，仅给自己留下了够路费的很少的一点钱。从上海出来，她的行头道具，外加各种物什，足足装了二十只大箱子，可她回去，只拎了两口小皮箱，其他什么都没带走。

1949年9月离开台湾，她从基隆港坐船，取道香港，在香港又不敢露面，怕妈妈想不开，又找自己，就躲着与丁存坤两个住十三元一晚的小旅馆，跟人打听怎么可以回大陆。大陆很快就要解放，香港回大陆的船非常紧张，因为上海去了许多实业家，到了那里才发现根本就待不住，应了一句话"房子越住越小，汽车越坐越大"，就又慌里慌张地折返，使本来就拥挤的航线雪上加霜。后来好不容易买到了船票，是五等舱，根本就没有座位的，管它呢，只要能走就行。船是开往天津的。又冷又困，看到有茶房走过，面相尚善，就塞给他一个金戒指，才算帮他们弄到个铺位睡了半宿。在天津迎来的中华人民共和国成立的礼炮声，然后再坐火车回上海。

折腾完一路，回到上海的李蔷华，住进了华山路251弄自己家里，刚进家门，她长舒一口气，感到了从未有过的轻松自由，忽然又有莫名的孤独感向自己袭来。毕竟从小到大，她一直跟妈妈生活在一起，从未离开过。

后来听说，分开不久，妈妈接到了一封马连良先生的信，这个信是马先生写给李蔷华的，他与张君秋先生都是在天津演戏，两人的合作出现问题，他知道李蔷华在台湾，就来信跟她商谈合作演戏的事。妈妈拿到这个信就思谋开了，看到台湾人穿个木屐，睡榻榻米，很落后的样子，就想到香港繁华，可能有发展的希望。又想到女儿蔷华指不定还在香港，到那里还能找到。有这些想法支撑，除了周长华周先生和盛五小姐确定留在台湾，她把随同过去的一班人，包括哥哥的杂技团，统统带到了香港。

回到上海，还没有过上几天定心日子，李蔷华接到一份妹妹发来的电报，仅有八个字："母思念成病，速来港。"李蔷华破涕一笑，都什么时候啦，妈妈还要来这个苦肉计。

不过，这个电报让李蔷华犯了难。妈妈到了香港一定看到那有演出条件，她要让女儿去那里，势必一摊子事都压过来，这个婚结不成。而丁存坤这边，连他家里有几口人，都一无所知，本当是要好好了解一下再作决定的。因为这个电报，李蔷华就跟丁存坤商量，作出决定，马上举办婚礼，时间、地点在两三天全部仓促确定。之后，她奔去邮局，给妈妈回电："婚期已定，不能来港。"不多不少，也是八个字，针尖对麦芒。

知音难觅

1950年，李蔷华二十二岁。1月4日，一向低调做人的李蔷华，假上海国际饭店，举行了一场盛大豪华的婚礼，当时上海文艺界的知名人士几乎都让她请到了场，请他们见证她的婚姻。她的用意是很清楚的，她李蔷华名正言顺结婚啦，她的新郎，不是巨贾豪绅，更不是达官贵人，他只是一名银行的普通职员。她为社会一向对舞台伶人，特别是漂亮女性名伶的偏见，发出自己的声音。

她一直记着程砚秋先生说过的两句话，都是先生对戏校的女学生讲的，一句是"毕业了不是让你们去当姨太太"，另一句是"你们要自尊，你们不是供人玩乐的戏子，你们是新型的唱戏的，是艺术家"。李蔷华处理自己的婚姻，有着实践先生教导的主观意识。

婚后，李蔷华住到了婆家，即丁存坤那个在五马路的家。那个家，没有独立卫生间，方便还是用的马桶。与坐落在华山路251弄法租界自己的家当是不可同日而语。那幢楼房，上下有十间房，二大一小的卫生间。这么巨大的生活落差，李蔷华

李蔷华新娘照（1950年1月4日）

还是婚后才知道的,也就是说,婚前,她没有去过一次丁家,他们家的大门,是朝南还是朝北,她都是一无所知。

为什么要知道这个呢,没有事,没有机会上他们家去,所以就阴差阳错,就这么简单。说到它与婚姻的关系,那是半点瓜葛都没有。结婚,就是一夫一妻,住亭子间,她乐意,吃泡饭,她乐意。她接触的演员,嫁人,许多嫁的是有老婆的,她不干。她爱的是丁存坤这个人,他这人,长得帅气,喜欢唱戏,没有娶亲,跟她能谈到一起,就行,双方同意就结婚。这个说法,婚前婚后一个样,哪怕后面出了情况,她还是坚持自己的观点。

婚后不久李蔷华怀了宝宝。暂时的没有出去唱戏,就有心思,海阔天空,想戏外的事,家里的事。

打小起没有离开过妈妈,这一次为了自己的婚姻离开了,离开归离开,想还是很想,就想着跟丁存坤一起去一次香港,看看妈妈他们,毕竟结婚以后没有见过面。这是一层意思,再一层是,她知道在香港,女人最不值钱,妹妹长得也是那么好,在那样的地方她不能放心,她想去劝她们回上海来,家里有大房子在,大家都能住下,从头再来,像以前一样一起生活,出去演戏。

这样想过不久,那天,夫妻两个去华山路看房子,因为住在丁家,这边的房子一直就空关着。看了房子,李蔷华有个新想法,打算把这个房子顶出去,也就是卖掉它。她想自己嫁到丁家了,拎马桶就拎马桶,王宝钏就王宝钏了,顶了这房子,打听过了,不会少于7000元(旧币),这笔钱用来做两件事,一是留着给弟弟、妹妹读书,她老想着,咱们家,妈妈有文化,继父有文化,外公是那么著名的中医,弟弟妹妹没能读上书,太不应该。二是物色一个合适的地段,开一间小店,譬如烟纸店,让爸爸妈妈经营,弟弟妹妹上学读书,一个家就像样了。

一个与票友们在一起的场合,大家聊天。聊着,李蔷华就把这些盘算,一一说给丈夫听,都还没来得及说完呢,丁存坤就不开心了,唬起个脸,挂不住了,不说话,斜过脸,鼻孔里出气,重重地哼了一声,扔下怀孕的妻子,一个人跑掉了。

从小到大,还真没有人这样对待过李蔷华,她无论如何接受不了丁存坤的态度。这天,她走一路,哭一路,到家都已经黑透了。丁存坤的妈妈是抽大烟的,她一进门,看到老太太正抽得滋滋有味、云障雾埋呢,她顺手一把拿走了六个包着锡纸的烟泡子,到了房间里,一颗连一颗,都带水吞下肚子里去了。一边就抓起笔给妈妈写遗书,眼泪哗哗地流,和墨水一起,叭嗒叭嗒掉到遗书上。

他妈妈听到了,走过来东看看西望望,发现了地上剥落的碎锡纸,知道大事不好,马上打电话,赶忙送进了同济医院,医生调来仪器,往鼻子里灌东西,吸胃液,医生看着李蔷华,压低嗓门厉声责怪:你这个人,幸亏毒汁还没有跑进血液里，跑血液就完蛋了。肚子里有着孩子，两条人命呢！

事情的原由很快清楚了，他妈妈就说，他不去，让我陪你去香港。结果就去了，去的时候，李蔷华是穿着蓝布褂子绣花鞋的，过九龙的小轮渡，遇上大群人路过，好多扭过头不停地看她，她心想：看什么，有什么好看的。原来他们都是上海人，看过她戏，他们心里嘀咕呢，怎么李蔷华穿成那样。

见到妈妈他们对上海有许多惶惑，李蔷华就跟他说，跟从前没什么两样，外面买的穿的戴的用的吃的都一样，麻将也照搓。他们说，人家香港有钱人很多的。她说，你那点钱算什么，不相信，跟我回去看看。在香港住了十来天，妈妈跟着她回来了，看到的果然跟女儿说的一样。再回香港去，妈妈就和李蔷华一起劝说剧团人员：张森林呀，沙少春呀，李祥麟呀，等等，愿意回去的，跟她回去，管接管送管吃管住，不愿回的，每天发给600元钱。结果没有留下的，都跟着回了上海。

出乎意料，1950、1951这两年，全国刚解放，演艺市场很火，很多人要看戏，原来那些想法，什么顶掉房子开烟纸店，都不去想了。

李蔷华虽然没有上台唱戏，人是一刻也没有闲着，做的还是与戏曲有关的事。譬如，荀慧生率团来上海演出，陪妹妹去拜访先生，促使妹妹与荀慧生定了师徒关系，为日后加入荀剧团打下基础。主要是看，看名家大戏，看程砚秋的演出。其间，适逢程砚秋先生光临上海大舞台演出，李蔷华非常兴奋，她知道先生这几年，亲率自己的剧团秋声社，花精力在考察地方戏，他说"戏曲确实在向没落的途径上走着，为了挽救危机，我们对它必须改造、前进，把技术重新充实起来，好尽量参加为人民服务的工作"。程砚秋是一直主张改良戏曲的。那么，他在实践中会有什么体现呢？

《荒山泪》是反映军阀混战时人民愤懑情绪的大戏。李蔷华常演，都不知道演过有多少场了，程先生连演了十九场，有时观众不多，剧场经理希望他能换个戏，先生就是不换，一直演《荒山泪》。他连演十九场，李蔷华连看十七场。她发现唱腔方面，大的地方不动，四声、腔的小处，显然是更丰富了，有改动，先生在不断地丰富，于不易觉察处，加入新意，作出微调。发现了这些蛛丝马迹，李蔷华心里很开心，每次都有新的东西，对自己就是学习，这地方他又动了，隔一天，那地方又动过了，看得有滋有味，忘情地投入。通过看戏，联系他的论述，真是很好的学习。

看过程先生十七场的《荒山泪》，好比风儿吹到了点燃的干柴，李蔷华渴望演戏的心愿一下子被激活了。

周长华去台湾，没有回来，好友盛五小姐跟他一起去的，他们在台湾扎根了，一个老师，一个好友，让她没有了演戏的心思。另有一位叫任志林的，过去也一直跟程砚秋先生拉琴，不知为什么，程先生换了钟世璋的主胡，任志林拉二胡，受冷落了。艺术、为人，任志林独崇拜周，对钟不服气，就找到李蔷华这边来说话。

任志林想不明白：蔷华呀，你唱得好好的，咋不唱了？

李蔷华坦言：周先生不在，没人拉胡琴了，我不唱。

任志林鼓励她：我离开程先生跟你，一个月一百块，我签一年合同，无论唱与不唱。任志林之所以有这么个想法，下这么个决心，一是不服气钟，二是程先生不属国营，还是演一个月给一个月工资，他担心没有保障，难以养家。

这是李蔷华没有想到的，她问：真的？

任志林肯定地回答：绝不儿戏。

李蔷华高兴坏了。周长华走了这么多天，她确实想演戏，想疯了地想，她这样的人，舞台就是她的天和地，鸟儿没有天空，不能飞翔，鱼儿离了水，怎么活呀。

送走任志林，李蔷华回家兴冲冲地跟丁存坤说了，还一口气说自己要唱戏的许多想法和打算。不料，丁存坤面孔一板，回答得很干脆：你唱，就离婚。

这么个结果，是李蔷华万万没有想到的。认识、恋爱、结婚、生子，共同爱好戏曲就是红娘。丁存坤虽然不是从小就练功的，也认真过，是学杨派的，唱得很好，怎么说变就变，连我出来唱戏都要这么地反对？结婚有三年零几个月了，虽有口角裂痕，还不至于说出"离婚"这两个字。

李蔷华说：离就离。

丁存坤加一句：你把孩子给我。

说着，没有一点犹豫，两个人就去了法院。

看到他们两个进来，人家还以为是来申领结婚证的，一听不是这么回事，关切地问：怎么回事？李蔷华想都没想，就冲出来一句：性格不合。

李蔷华没有提出任何财产分割问题，除了孩子，也就没有其他事了。离开法院，李蔷华就去了妈妈家。妈妈正坐在那儿做什么事呢，惊得一下子站立起来：到底是发生了什么事，怎么说离就离？把孩子都给他？抗战那么苦，我都把你们带在身边。妈妈爱唠叨，就让她唠叨去吧，李蔷华满心里想的是重上舞台，这个事压倒一切，没工夫想其他。没几天法院一纸公文批下来他们离婚，妈妈跟她商量：丁存坤也是喜欢唱戏的，让他跟着一块儿去演出。李蔷华说：这事儿，妈妈你定吧。妈妈就做主，让丁存坤拜了杨宝森杨先生，他也真的下海唱戏了。

1952年，从年初开始，演事真是忙，江西、山东、江苏、浙江、天津，基本活动在东部，年初，先到南昌唱了三场，跑到烟台唱，再是青岛，转济南，逗留博山，又是南昌，一年忙到头。任志林的胡琴，吴玉文的月琴，辛苦两位先生，一直一起跑，创下八个月连续演出的纪录。丁存坤到底不是从小练功出身，合不到一块，他又偏要指点，管到李蔷华，怎么管得了呀。因为忙演出，两个人的事，暂时谁也顾不上，唱戏要紧。

许多时候跑的是北方，过去生疏的地方，每到一地，演出场地，大都是简陋的土院子，两旁边设了站票，天天客满，人太挤，有的观众就坐地下，看不到，就靠墙根那儿听，很陶醉的样子，看着令人感动。李蔷华知道，这些地方，也有程先生作戏曲考察到过的，听先生唱过了，影响留在那儿，碰上程派李蔷华来了，上座就特别高。过去人讲，天津的戏难唱，李蔷华认为，这话说反了，这一年里，她去了两次，场场爆满，天津观众那个热情呀，让唱戏的李蔷华过足了瘾。很久以后想起这段经历，李蔷华还会对北方的观众生出亲切怀恋的情愫。

通过演出，慢慢撮合，妈妈还是天真的想法。1953年9月，李蔷华与丁存坤最终还是离掉了。

第七章

马蹄忙

> 我这个人，没别的本事，就会演个戏，许多人喜欢我，也就因为我能演戏，那就好好演，争取让更多的人喜欢。《桑园会》中有两句：秋胡打马奔家乡，行人路上马蹄忙。各行各业的人呀，都是行在路上的马儿，我也做一匹向前奔跑的马吧。
>
> ——李蔷华

对　比

1953年下半年，李蔷华他们的演出目的地，从沿海开始面向内地，南昌、南京后，去了长沙，又去了武汉。到武汉，已经是年底了。武汉是李蔷华的故乡，她如鱼得水。

就在这个当口，年仅四十九岁的李宗林去世。他是患脑溢血，来不及说什么话，突然走掉的。

突然到做女儿的没有一点准备。

即便有所准备，又将如何呢？还不是没可能有消停的一天，有戏等在那儿呢。这就是演员的苦楚，没法言说。

李宗林虽然只当了李蔷华近十四年的继父，却是她一辈子最重要的亲人、导师和知音。继父去世当晚，李蔷华有演出，海报出去了，个人纵有天大的事，也只能放下，做演员的只能是无奈。团里作出临时调整：方超达的胡琴，他是业余里拉得最好的，也学的周长华，专门拉程派的，还有李文魁，有他们俩临时上阵帮忙。地址就在上海国际饭店后面，过去叫卡尔登后来叫长江剧场，演的是《碧玉簪》。她李蔷华必须得跟平日一样，着罢戏装化好妆，踏上红地毯去。那天，天昏地暗。她上场，头一抬，眼睛便习惯地望向左前方，那个是乐队的位置。只是才望了一眼，她的眼泪就决堤一般迸裂出来，心想止住，却怎么也抑制不住。

她看到的位置，过去一直是继父李宗林工作的地方。只是在他请来周长华周先生的三年里，他主动让贤，短暂缺位，1949年周先生留在了台湾后，继父归位，又是整整四个年头，这个位置就是继父李宗林每天端坐拉琴的地方。当初十一二岁时最需要指点的孩子，现在二十五岁，羽丰翅硬，他都来不及挥一挥手说声再见，走了。

是的，他是李蔷华的继父，没有一点血缘关系，但是，面对如花似玉的姑娘，天天在一起演戏生活，硬是没有碰过一根手指头。他是男人，更是谦谦君子。有他比照，李蔷华看清了人世间无数人和事。

接着说李蔷华在武汉演出的事。当时，巴南岗同志任武汉市文化局长。巴局长平易近人，喜京剧，很能看透这许多演员的心思。当时在武汉有一个戏，是李蔷华姐妹和关正明合演的。看过戏后，巴南岗召见李蔷华，直截了当向她提出：希望你能够加入武汉京剧团来，不是要你马上作决定，我们的优点，你可千万引起注意，我们武汉和上海一样，也是京剧重镇，我们是国营剧团，生老病死有依靠，我再加上一条，来了总得有个窝么，不会让你住大街上去，还有，你李蔷华来，不唱也给钱。

她是演戏的人，心思、精力都花在了戏曲上，社会的许多事情根本就无暇顾及。比如说武汉市京剧团，前身为中南京剧工作团，成立于1950年1月，1952年9月改为现名，她当时不知道；再比如，国营不国营的，实际上是新旧社会经济体制的重大变革，她听巴局长说，还只是第二次。第一次是在上海，上海的宣传文化系统领导，不久前，就参加他们领导下的剧团的事，也曾经介绍过，因为演出忙，匆匆听过，也就没能决定下来。现在接触到武汉，巴局长的热情风趣幽默的谈吐，对艺人的尊重，可触可摸，李蔷华毫不犹豫就答应了。

巴局长说：且慢，我这里有个合同书，你填一下，先签三个月的约，不满意，三个月后反悔走人，满意，希望能正式参加，我们武汉观众希望你能留下来噢。

就这样，三个月之后，1954年6月，李蔷华正式调入，成为武汉京剧团的基本演员。同时调入的有妹妹李薇华，还有后来成为李蔷华丈夫的关正明。不过后来由于自身的原因，妹妹又调出，落实在了上海。

李蔷华很清楚自己，调入国营剧团，不是自己有多么高的觉悟，多么进步的思想，主要是她正与老生演员关正明谈恋爱，他们一块儿演出、生活，就要谈婚论嫁、生儿育女，过去虽然收入颇丰，演一天拿一天钱，对于接踵而来、必然会出现的家庭生活，总是有风险。

解放前，是老板包银，有了与老板签一天合同的规矩。也是收下钱来，每天分账的，跟老板分账，就是月薪多少，他赚多少，那是他的事情，我们就拿合同规定的月薪。老板跟剧场，梨园行话叫底围子，他手下有这么一批人，但缺少有号召力的演员，所以他就聘请有号召力的，你带几个人来，卖下来怎么分账。李蔷华出去演出，总是带二胡、月琴、鼓师、老生、小生，她这边内部，通常四六分账，卖下来一百块，李蔷华拿四十，其余大家分。入武汉京剧团前，李蔷华小组也是打成分的，李三十分，关二十分，妹妹二十分，胡琴八分，二胡四分，月琴三分，总共卖了是多少钱，按今天总分平均下来，一分是多少钱，然后根据打好的分实施分配。有着这些比较，巴局长让李蔷华看到了国营剧团实实在在的好处。

我们是社会主义文化工作者，是全心全意为人民服务的艺术家，戏曲舞台是无产阶级闹革命的阵地。学会了新旧社会对比，旧社会，钱拿很多，但地位不高，是给人歧视的，新社会，当上国家主人，政治地位步步高，演戏也是搞革命的工作，等等，都是后来通过一点一点学习，慢慢儿才知道的。照原来，李三十，关二十，差距大了去，后来关说都一样吧，李蔷华也不争。以后，凡是碰到自己看不懂的，就认为大概新社会就那样的吧，这是一个方面。另一方面，她也确实亲眼看到了变化，归根到底，她是旧社会过来的人，这个"眼见为实"，常常会令她"怦然心动"。

戏曲码头在中国名列前茅的城市有北京、上海、汉口。武汉中山大道上、仅次于上海大世界的新市场园内，有个江夏剧院，旧名新市场大舞台，1949年后做为中南京剧工作团演出场地。1952年中南军政委员会撤销，中南京剧工作团归属武汉市文化局领导，改名武汉市京剧团。首任团长高百岁，是周信芳的高足，副团长为麒门高足陈鹤峰、高盛麟、猴王郭玉昆、于宗昆。1953年李蔷华、关正明、陈瑶华、云艳霞、熊志云等名演员加入了剧团，力量十分壮大。

1954年，李蔷华与马连良先生高足、著名须生关正明结婚，也就是那一年，武汉发大水。响应党的号召，全武汉的人民群众都被动员起来修堤抗洪，李蔷华所在的武汉市京剧团也不例外，动员大家参加修堤抗洪的战斗，男同志都被派去修大堤了，团里领导开动员会，让全团上下都明确，我们演员，唱戏就是抗洪，就是修堤，哪里需要去哪里。没有人争名争利的，团结的风气很好，很少有偷懒的，都要求进步。李蔷华在那一年怀的二姑娘红红，团里知道她怀孕了，就想到照顾她，当时演出的曲目是《汾河湾》，想了几个方案，有想把这个她主演的节目撤下，或者临时调人替下她，目的是能让她好好休息。

要强的她发急了，跑到团长高百岁那里表态：对领导和同志们的照顾，表示感激，但是，大家应该都知道，我是跑码头演戏苦出身的人，不是资产阶级小姐，没有那么娇贵，抗洪大局，组织上派给我任务，就是对我最大的信任。

高百岁听了，感到非常尴尬，就好言相劝：蔷华同志呀，这是大家的一片心么，关心爱护你么，你不要有顾虑，安心休息，保护好肚子里的小宝宝。

李蔷华听了，急得直跳脚，怎么讲半天，团长还是这么个认识呀，她急得眼泪都要掉下来。1932年，武汉也发大水，水大到漫过了二层楼房高，正是那一年，妈妈肚子里怀着薇华妹妹，她不得不带上仅有三岁的李蔷华，逃难躲灾，小蔷华实在没有力气跟上妈妈的脚步，妈妈不得不艰难地蹲下身怀六甲的身子，苦苦哀求女儿：我的小祖宗哎，你跟我长点力气呀，再不跑，我们两个人，不，三个人，今晚会没了呢。

二十二年过去，妈妈说话的声音、表情，李蔷华从未淡忘。

轮到周信芳的高足不说话。

文文静静的李蔷华，泼辣起来也是够可以的。她挺着八个月的身孕，硬是争取到按原计划上演《汾河湾》，戏里的柳迎春不穿着一条小围裙么？因为一般演出的围裙比较小遮不住身子，大家的顾虑也在这里，你八个月身孕怎么遮掩呀，他们都想不到，她李蔷华留有伏笔。她穿的小围裙是程先生给留下的，程先生可是标准七尺大汉，他的围裙，是和褶子一样长的。她就穿着这个裙子唱，该蹲下去的时候，照样蹲下去，还特别到位，广大观众没感觉出什么来，一边看着的同事和知情的朋友，惊得张开两片嘴唇，半天合不回去。

不叫老师称师父

1955年7月，武汉市京剧团启动赴长江沿线城市演出，走出去交流学习，扩大武汉京剧艺术对外的影响。就市场而论，京戏在武汉本市有着巨大的需求，武汉人爱看京戏，传统悠久。那时的武汉人，娱乐生活较单纯，喜爱京戏的人特别多，快变成地方戏了，民众乐园每年演出200场，场场爆满，戏楼外总是挂"客满"的牌子，从来不用取下。每天上午六七点开场，演出一个小时，1000人的场子座无虚席。有人戏言，我们演员的眉毛有多少根观众都能数个一清二楚。

既然沿长江走，南京是必到的大码头。武汉京剧团，明星云集，早已是名声在外，听说来了李蔷华、李薇华姊妹，她俩解放前后多次到过这座城市演出，跟南京的老戏迷十分熟悉，大概也是考虑到这个因素，团里的安排，让两姐妹分别演出《荒山泪》、《香罗带》、《女起解》、《三堂会审》和《红娘》、《拾玉镯》、《梅龙镇》、《虹霓关》等。都是观众喜欢的曲目，又是当年蔷薇剧团的台柱子亲临演出，给南京戏迷的惊喜自不必言，大家直呼过瘾。1955年8月李蔷华、陈瑶华、杨玉华、高维廉、李正福、许君良演出了《西厢记》。

有一个插曲。程砚秋程先生来看李蔷华的戏。在南方考察的程砚秋和李少广来到南京后，程先生坐到观众席里，认认真真观看李蔷华主演的整出的《荒山泪》。这一举动，除了是对李蔷华学程成就的肯定，也包括了大师博采众长，有一点"教学相长"的意思在里面。

这一年，周恩来总理提议为程砚秋拍摄一部舞台艺术片，概括程砚秋的艺术成就。选什么剧目有分歧，程先生最喜欢的戏是《锁麟囊》，但组织认为是个宣扬"阶级调和论"的戏，被否定了，程砚秋妥协后，选择了以祈祷和平反对战争为主题的《荒山泪》。这个背景，同一年的事，联系先生南京看戏，就很有了嚼头。

1956年11月李蔷华与玉牡丹、关正明、关啸彬、李四立、李罗克、李景荨、李桂花、李雅樵、李春森、陈伯华、陈春芳、沈云陔、周天栋、吴天保、金雅楼、高盛麟、高百岁、高维廉、章炳炎、郭玉琨、胡桂林、贺玉钦、袁璧玉、黄楚材、杨菊萍、董少英、熊剑啸等同获湖北省第一届戏曲观摩演出表演一等奖。

和众人相比，李蔷华这一次获奖，尤其珍贵。之前，9月30日，她的儿子关怀（后改名关栋天）才刚刚出生呀，也就是说，她是挺着大肚子抱得奖杯归。这时候，除了1950年生的大女儿丁蕾蕾在香港，武汉这边，加上1954年生的女儿关红红，她的身边有着一男一女两个孩子。

又是带孕演出的故事。这次特别是，她怀的这个孩子，本来是不想要的，差点儿世界上就没有关栋天这个人。为什么不想要？年轻呗，积极呗，幼稚呗。想想也是，7月刚入的党，热血沸腾呀，又是团里主要演员，她是一门心思追求艺术，可不想让私事给干扰了，这个孩子就不想要。她采取土办法，因地制宜，练功，练把子，却横竖没能练下来，再拴腰，也没能把他给拴下来。最后使出极端办法：站到家里那张吃饭桌子上，扎着靠，就从桌子上往下跳，自家性命都顾不上了。结果是，吃尽了苦头，也没有能把他弄下来，儿子还是健健康康给生了下来。在产床上，听着儿子嘹亮无比的啼哭，她做娘的，闭合的眼睛里，泪水止不住就流出来了，心里说：你这个小祖宗呵，生命力真够顽强呵。

次年，熊省吾去世。

生父去世那天，李蔷华正在湖北剧场演戏，是妈妈给她来的电报，电文四个字：熊叔已故。别人读到以为地下党在接头。

"熊叔"武汉失联，为什么拖到八年之后，他才主动找上门来？南京重逢时，李蔷华未及细想。后来，她到了武汉演戏，倒是大姑姑找来，跟她走动了，她算是熊家在武汉唯一的亲戚，从这个跟生父长得一模一样的亲戚身上，李蔷华找到了答案：生父他根本上还是看不起唱戏的，他八年没有联系家人，纠结的正是这个。

你看不起唱戏的我，你也不可能得到我应有的尊重。除了全家人统一把他称为"熊叔"之外，李蔷华跟他的联系，仅限于每年春节，纯属礼节性的拜年。她会披上平素不常穿的貂皮大衣，匆匆上门去，跪下磕个头，起立，扭头就走，没有说过一句话。礼数到了，感情淡漠。

湖北剧场在长江对岸，其时，大桥未通。演出间隙，李蔷华匆忙去邮局给妈妈寄钱。隔天，她去告别遗体，还是穿上大衣，跪下，磕个头，走人，不说一句话。这个倒不全是因为感情，她得避人耳目，不能让人有猜测：李蔷华跟这个人什么关系呀。

又是名伶的无奈。

1958年11月李蔷华与关正明、于鸿宾、高世泰、张剑英演出了《梅玉配》。就在这一年，中国唱片公司灌制了她的《春闺梦》，同在这一年，朱丽丽拜她为师。

那天，李蔷华在后台化妆，一笔一笔的，正专注着呢，有一人影闪入，用的是眼睛的虚光，她依然专注，妆后演出是紧跟着的，不能耽误工夫。突然这人影扑通就跪面前了，一颗头捣蒜似的，可劲儿往地上磕。

受了惊的李蔷华赶忙欠起身，一手就扶她起来，嘴里一劲地说"快起来快起来，站着说话"，眼睛慢慢弄清楚。姑娘叫朱丽丽，才十五岁，京剧迷，民乐公园看过很多精湛的表演，唯独爱程派，知道那么多明星，就喜欢李蔷华。她希望能拜李蔷华为师，学程戏。

李蔷华演出任务繁重，行政上还有省政协常委、妇女组副组长的职务，本来事儿不太多，偏她什么都认真，事情也就都找来了。给喜欢戏的年轻人教戏，她视作分内事，客观上忙，兼顾困难，她还是海绵一样，挤出时间给年轻人。对她的学生，在外地，只能是电话，在武汉时，不演戏，有会议开，发现中午休息，有一段相对较长的时间，会找部电话，给学生打过去：喂，有时间吗？接电话的学生很突然：您不是开会吗？她说：甭管我，问你呢。对方就很感动，调皮地说：甭管我，只要您有时间，我随时听您召唤。中午饭过，找个地方，只要能将就，又不影响到别人，拉开场子就教他们。

李蔷华带学生，都没有上级规定她教的，更没有私人之间任何的利益关系，纯粹是最普通的，一个喜欢学一个答应教，就这么简单，学戏的年轻人私下里都互相传话，李老师没架子，你要学，她就会指点，找她可不会吃闭门羹，才会有朱丽丽的大胆求师。

接触下来，发现朱丽丽的天赋确实好，小姑娘很勤奋，是棵不可多得的好苗子，李蔷华掏心掏肺地把自己的舞台经验传授给她，竭力推荐她进武汉市京剧团，成为一名学员。那年，同时跟李蔷华学习的，有五六个青年学员，他们各自不同文化背景，同时接触李老师，熟悉后，会在一起交流自己对老师的看法，你一言，我一语，竟然惊人地一致。

"三名三高",老师哪条都挨得上,但怎么看,老师都没有什么特别,跟我们普通人一个样。一出大戏演完,装台、卸台,救火一般,后台工作人员很忙的,许多演员会前去帮忙扛箱子、搬东西,她往往也是"许多"中的一员,还真肯花力气,参加劳动,绝不是做做样子。他们发现,自己老师的谦恭和善,仿佛是在骨子里的,对后台的服务人员都非常客气,对化妆师们都很好。偶尔有团里的演员跟他们聊天,他们说:你们老师呀,大好人一个,从不和人争戏、争地位,派她下农村,去,她没有二话。她给灾区捐款,你们不知道吧?她做好事,做了就做了,不会告诉别人的。

那年,剧团到内蒙古去演出,要求小姑娘们要穿得漂亮一些,光提要求,拿什么来穿呀,当时大家都很穷,买不起衣服。李蔷华知道了这个事,就拖上朱丽丽到自己家抱衣服。到家后,师徒两个分歧就大了,凡是李蔷华定下来要抱走的,朱丽丽都不同意:都是您平时最喜爱穿的衣服,挺珍贵的,让姑娘们搞坏了怎么办?不行、不行。李蔷华说:正是我喜欢的,大家可能也会喜欢,怎么啦,拿不喜欢的去,让大家说我李蔷华小气鬼?后来团里有五六个年轻女演员,都穿了她的漂亮衣服去内蒙。想不到,因为这件事,使她在"文化大革命"受批判时,多了一条罪状,说她是资产阶级,腐蚀青年。

这些事,他们回家,饭桌上,也会对家长有一句没一句说的,家长听了,赞扬一句,听多了,来总结性的话了:摊上李老师,是你们福气呵,学她的做人,和学她的戏一样重要。朱丽丽更是,老师到那儿都有她跟随,好得跟母女一样,这一跟,就跟了一辈子。

别人都叫李蔷华李老师,朱丽丽特别,一口一个"师父"。小姑娘心里暗下决心,不管是舞台上、生活上、做人上,她会是影响自己一生的人,她把她当楷模来崇拜,老师这个称呼不能概括,一时没有更好的词,就叫起师父来了。

李蔷华也默认,她偏爱这个小姑娘。那时,她担任团里的旦角组组长,在排演很多的新编历史剧、现代戏。她知道自己学戏,已把传承程派戏作为终生努力的目标,带好徒弟也是传承的一种呀。

这第一年开始,人们发现,李蔷华、朱丽丽,她们师徒俩,一天比一天更加相像起来。当然不是指相貌。

现在湖北省京剧院有中青年三个程派,武汉市京剧院有一个程派传人,他们都是李老师的传承人,在湖北很受欢迎。现在全国各个剧团的程派都各不一样,大多数观众还是喜欢老程派。朱丽丽从十五岁以后,在师父身上学了很多东西,现在在湖北教了很多学生,也是桃李满天下,很多人都说她非常像师父。李蔷华在武汉播下了程派的种子,功劳不小,朱丽丽决心非常努力地把师父的艺术传下去。

坐小飞机下山

　　武汉市京剧团的组织结构上，在1958年时，有第一团、第二团之分的，李蔷华是在第一团的。团里规定，上山下乡，送戏上门，同吃同住，接受贫下中农再教育，两个团轮流组织。轮到第一团下去那一次，有整六十个人，是"上山"，去巴东，属于川鄂交界的地方。

　　巴东是湖北省近四川的一个地区，他们下乡的地方附近有个地方叫接龙桥，就是当年贺龙起义的地方，比较艰苦，下船后上坡，都是山区，下轮船，十八里路，没有三步平路，都是上坡。他们都是背着背篓去的，上面还都插了一把伞，到那儿备雨用。城市里长大的青年演员，感到新鲜好奇，根本就是连背包都不会背上肩。坐了一段船，靠码头，上岸，看到李蔷华没事一样，利索地背上肩头，就头里走了，不夸张地说健步如飞，也可称为如履平原。脚步那个矫健，可是一般年轻姑娘比得了的？走在这般陡峭的山坡，越上越高，李蔷华突发奇想：日寇的飞机要来个俯冲，机关枪"达达达"扫射，哪儿躲去？没地方躲。

　　她有经验。因有抗战在重庆的经历，这个想象会出来。

　　那年，李蔷华虚岁三十，又是长年坚持练功的，腿上有力气。最主要的，不可忘了，她是山城重庆长大，住干妈家里时，爬山越岭，家常便饭，这个是实打实的童子功。爬到坡顶，大队集合点名，她列在前十名。

　　在巴东，驻在山村，能学到东西的，加深对体力劳动者的同情。与贫下中农同吃同住同劳动，看到他们长年吃不上粮食，好多只吃山芋藤过日子。一个村妇带五个孩子，好容易喂大一口猪，杀掉了，全卖了，竟然舍不得给自己和孩子们留一小块肉尝点腥。

　　山村的日子，过了一个月不到，团里突然接到紧急通知，点了五个主要演员，其中有这次下乡的李蔷华、宋达生，让他们立即返回武汉，有重要演出任务安排。用汽车轮船火车，这些交通工具已经来不及了，必须用上最先进的飞机。

　　汽车到了巴东，又拐弯赶往那里的一块小型停机坪，五个人匆匆下车，就看到那里停有一架飞机，李蔷华当然叫不上它的名字，只知道是比平时坐的民航机要小好多的、特别的飞机。也不说话，大家又急急地登上了小飞机，上了飞机，只知道里面都是铁的，机壳是铁的，座椅也是铁的，整个感觉很怪异，还没待体味出什么来，身体已粘上了冰冷的铁家伙，飞机就隆隆起飞了。

　　到了武汉，见到了团长郭玉坤，一切了然。1958年11月28日，中共中央八届六中全会在武昌红山区召开，会期至12月10日。武汉京剧团为大会服务，派出演员，郭玉坤负责，在会议休息期间，为与会的中央主要领导同志们作京剧清唱表演。中央领导，包括毛泽东主席，下榻在红山宾馆藏天楼。

通知李蔷华去演出，是和关正明一块儿去的。一个老生，一个旦角，领导同志都爱看对儿戏，曲目定的是《武家坡》、《桑园会》、《二堂舍子》。《二堂舍子》后来拍了电影的，说毛主席要看。

会期内，上海也来过，基本上都是在武汉演。有一次，领导告诉大家，观众里有毛主席，她对领导直言相告——我有点紧张呢。这次过后，再给毛主席演，不紧张了，一点也不了，觉得台下有毛主席，和有中央其他首长一样，给他清唱，尽管发挥自己的水平就是。

1958年3月9日，程砚秋先生去世。第二年忌日，李蔷华应召进京，在北京人民剧场，与王玉敏先生演出《窦娥冤》，特别是她的《春闺梦》，被安排在头一场。正日子，周恩来总理、陈毅和贺龙两位元帅，还有彭真同志，都去看了，周总理看到激动的地方，竟站起来鼓掌叫好。这个戏在人民剧场连演了四场，还是欲罢不能，首都那么大，其他地方的观众不答应了，发出一个差不多是共同的呼声：不一定非得在人民剧场一个地方演么。组织方为了满足这个呼声，又让她去东单、西单各演了四场，才算勉强满足了部分观众的要求。才过去三天，周总理在中南海西花厅专题召开继承程派艺术座谈会，请她与高维廉、李世济、赵荣琛、侯玉兰他们，和陈毅、贺龙、彭真等党和国家领导人，和夏衍、周巍峙、田汉、梅兰芳、焦菊隐等文化艺术界领导、名家一起，商讨继承程派艺术的大计。留大家在西花厅吃饭，席间，总理鼓励她，要坚持演戏，带好学生。

李蔷华加入中国共产党，是1956年的7月。朱丽丽听说后，表示惊讶：怎么才入了两年呀？我以为师父早就是党员，是一名老党员呢，她的生活态度、工作精神、为人处世，从我见她第一天开始，听到看到的，都符合党员的标准。

朱丽丽可能有所不知，师父的许多好品质，都是有师承的，中国京剧，有什么样的老一辈，就有什么样优秀的接班人。

北京演《春闺梦》时，妹妹李薇华的师父荀慧生到过场的。薇华在荀家住过八年，她留在荀家大院，每每荀先生有戏就留有包厢，让薇华去观摩，情同己出。作为薇华的姐姐，荀先生看过她的戏，主动提出，要教李蔷华两出戏，这是出乎李蔷华意料的。这个事大，关系组织原则，她赶快征求领导意见，在获得同意后，荀先生教了她《金玉奴》和《卓文君》，毫无保留，至诚至挚。荀先生如此惜才，提携后人，让李蔷华感动不已。因为此后，1964年会演，全部是现代戏了，接受传统戏的熏陶，她特别看重荀大师这一次堪称最后的言传身教。她为妹妹庆幸，跟随了这么好的老师。正是他的赏识和栽培，妹妹薇华才成长为当今荀派戏演得最好最多的

1988年在淮海西路家中

1993年,李蔷华与家人,从左至右依次为妹妹的女儿新慧、妹妹、李蔷华、弟弟的女儿萍萍、弟弟、弟媳

一位。

也就在这一年,妹妹加入了荀剧团,调北京,还是夏衍部长亲自作的批示,之后,重庆、成都、武汉、上海,每到一个地方演出,荀慧生总是让李薇华先演三场,接着自己再出马,有学生登门,向自己求教,也一概交由李薇华代为传授,可见荀老对妹妹的信任程度,李蔷华对别人说:妹妹的荀派唱得可好了,荀先生的四出戏,全本《得意缘》、全本《花田错》,和《卓文君》、《钗头凤》的录音片段,都是我妹妹给做的哩。语气里,不无骄傲,比自己取得成绩还开心。

本是荀剧团红人的妹妹,最后因为北京的京剧团实在太多,需要裁团减员,支持外地。荀慧生是要留妹妹的,可惜,节外有枝,师母是个后妈,有个女儿荀令兰,演花旦的,她当然要留自己女儿,大师做不了师娘的主,尽管花旦先天缺陷,一个眼是假眼珠,结果还是妹妹给支援到了湖南。到了那里,她拍过现代京剧《地下火焰》,讲刘少奇闹革命的,是1964年参加广州会演的得奖作品。妹妹二十九岁结婚,爱人是搞化工的高级工程师,排戏时有过一孩子,男孩,走台小产,仅存活了十几小时,还是夭折。妹妹痛心极了,为能解决夫妻分离之苦,决定离职。

李蔷华得知后,急得不行。除母亲去世请过三天假,从不请假的李蔷华,为劝说妹妹不要离团,她请假去了长沙,终归劝不转去意已决的妹妹。脱离了工作的妹妹,回上海不久就爆发"文革"了,她就再也没有了工作。上帝是公平的,在关掉一扇门的同时,会打开一扇窗。妹妹后来有了个女儿,在合资单位工作,是个非常孝顺的乖乖女。

从《亡蜀鉴》到《江油关》

转眼到了1960年,中国唱片公司灌制了李蔷华的三张《六月雪》唱片。这一年李蔷华出演的《江油关》与观众见面。第二年,她就携这部戏参加湖北省全省会演,一举荣获一等奖。这次会演,武汉市京剧团,也是她这一个戏参加。《江油关》的红,当时好像有点应景儿。这个戏讲三国末年,魏将邓艾袭蜀,偷渡阴平,直攻江油。江油守将马邈见兵败国危,意欲投降,其妻李氏晓以大义,苦口劝谏。马邈佯为应允,暗地开门降魏,李氏愤而自尽。可能当时台湾国民党猖狂地叫嚣"反攻大陆",这个反对投降主义的戏,就有了市场。小花脸英国很棒,高百岁的老生,哭祖庙,捧了一个刘阿斗捧不起来,就哭。获奖,可能不排除有这些因素。

这些都只是猜测。关键是,李蔷华在这个戏里,唱腔、身段,用了许多程先生的东西,人们对她演唱的评价,诸如她在音韵上相当讲究、吐字、发声、四声极其准确,听起来外柔内刚,情态动人,等等,都在这部戏里有了淋漓尽致的表达。所以，直到今日，李蔷华给学生教这部戏，水袖、唱腔，方方面面，她都有独特严格的要求。

程戏少娱乐，多思想，正是李蔷华最赏鉴处。《亡蜀鉴》这个戏，1935年10月28日首演于北京中和园，程砚秋饰李氏，侯喜瑞饰邓艾，有名小白脸曹二庚饰马邈。为了这个戏，当年的程砚秋程先生，亲自到四川去，看过李氏墓的，这种艺术感受确是真挚动人。夫人反对丈夫投降，丈夫骗他夫人去调兵遣将，让夫人不要插手，转身抱着印玺就投降。夫人是摔死儿子自尽的，很惨的结局。这个戏当时出来也就演两场，被国民党政府禁了。

中国京剧院周信芳院长去武汉，高百岁是他最好的学生，他演了《瑶龙上路》，李蔷华就演程先生的《亡蜀鉴》。看过戏后，周院长有个提议，说你们武汉京剧团主要演员阵容强大，能否把《亡蜀鉴》搞成折子戏形式，《度英平》、《江油关》、《取寻阳》、《哭祖庙》，一折一折串起来。李蔷华就是《江油关》这一折戏的主演。

和程先生的《亡蜀鉴》不同，《江油关》剧本上有了改动。原来这个程派戏，也就演过两场，没有人学过，程那个时候灌过一张唱片，导板回龙慢板，抱着孩子唱的这些过程，李蔷华的版本，现在都串起来了，就不可能让你一个人坐那儿慢慢唱，孩子抚养，夫人自杀，这些情节的处理，节奏都有了明显加快。

这个戏，经过这么一番努力，拿到会演上去，众口一致地，头尾都不要，要了中间的《江油关》。得了全省会演一等奖后，有好几个省去向她学习，无形中，《江油关》成了李蔷华的戏了。让李蔷华自己说，她就一句话：这个《亡蜀鉴》弄成了《江油关》，是"长篇小说改编成中篇了"，只是处理方式讨到巧，更合了观众的胃口罢了。

得奖之后，上海京剧院的演员毛剑秋，最早跟李蔷华学了《江油关》。后来带着这个戏去北京演出，毛泽东主席看了一场，很喜欢。为这个事，毛剑秋写了篇长文谈体会，上海《新民晚报》拿出整版的篇幅刊载，毛剑秋好高兴，把这个事儿，第一时间告诉了李蔷华老师，与她分享成功的喜悦。

实践现代戏

1960年3月到6月，北京举办表演艺术研究班，授课的都是梅兰芳、荀慧生、俞振飞等戏曲界的大师们。全国各省市自治区，各派五名学员，湖北去了汉剧大师陈伯华，还有汉剧的两位青年演员黄克怪和徐倩玲，作为京剧代表，李蔷华和关正明在列。开班三个月，有梅兰芳梅先生主讲的《游园惊梦》。大师就是大师，久违了梅先生的杜丽娘，千媚百娇的眼神，转而低眉含颦，如珠蕴椟中，时有宝光外熠。李蔷华的最大体会是，艺无止境，向大师学习，总有所获。全国各剧种，老中青学员，三十一岁的李蔷华属于中一辈，有那么多的顶级名家在一起——晋剧的王秀兰、湘剧的彭俐侬、云南的关肃霜、河南的常香玉，学习真是个好机会。

李蔷华和关正明，被安排住在东四旅馆，同住一地有上海的袁雪芬、广西的黄桂芳、广东红线女等，不知道是谁的主意，大家一致推举李蔷华替大家伙管账。她暗自得意，你们算是选对了人，虽然久已生疏，但早年在干妈家住，可是好好地做过一阵的，眼下是三年困难时期，周总理都说留得青山在，不怕没柴烧，心里有了盘算：我们演员，虽然有国家照顾，待遇不差，也得精打细算，为大家当好这个家。那一阵做"管账小姐"，白天插空征求意见，晚上灯下做账、听课、学习、参加组织活动，一点不比别人少，可把她忙坏了。辛苦归辛苦，心情很愉快。

这一年，年仅五十三岁的妈妈去世。就在小弟海海即将结婚成家的当口，她生病倒下了。躺在病床上，她拉住李蔷华的一只胳膊，摇呀摇地，就是不开口说话。李蔷华知道，她始终是在牵挂弟弟，她的话都写在一双忧伤的眼睛里。

对这个小弟，年龄开始上去的妈妈，一直有内疚。演艺人家，浪迹天涯走码头，小孩子没有上学读书的机会，加上对小弟弟，妈又特别宠爱，一直是老母鸡一样，让他暖在她丰满的翅膀下，等到想起来，再要想到抓孩子的教育，已经来不及了。这么多年了，弟弟没有正经出去工作，更没有什么技能，今后的日子怎么过，她是担心这个。之前，母女有过多次谈话，话题都是围绕弟弟的今后。

妈妈终于能说出话了：这个弟弟你要管。

女儿说：管是一定管，但他不能依赖，他要成家，要立业，这是主要的。李蔷华的原则性，什么情况下都会坚持。这就是她的性格，吃亏便宜，都是这样。

妈妈弥留之际，她把嘴巴贴上妈耳根，轻声说：妈妈，有女儿在，您放心走吧。

妈妈走后那年起，李蔷华鼓励弟弟去社会找工作，兜了一圈，找到个踩三轮送货的差使。李蔷华说：也好，没有技能，只能干这个，自食其力。他挣20元一个月，李蔷华这边每月再照顾他25元。弟弟结婚后，生了个大的，李蔷华每月再多寄10元，添了老二，她再多寄10元，后来又有了老三，每月再增加10元。从1960年一直寄到1984年，24年，她蹲牛棚时也一月都没拉下。"文革"期间，李蔷华的工资减一半，每月只有120元，给弟弟的份额一分不少，一个月寄45元。

现在弟弟的大儿子好，在合资单位；女儿好，女婿是在香港认识的，会几国语言，现在在上海自己开公司，做得很好。可惜弟弟，却是过早地离开了人世。

1962年3月由中央文化部主持，作为交流，张君秋与武汉市京剧团联合演出《红鬃烈马》，张君秋与李蔷华、陈瑶华分饰王宝钏，高百岁、郭玉昆、关正明分薛平贵，王婉华饰代战公主。6月，李蔷华随武汉市京剧团赴沪演出。这一年，她的《亡蜀鉴》即《江油关》由中国唱片公司灌制唱片。

这之后的几年，李蔷华热衷的传统戏曲演出，完全被现代戏所取代。

1964年6月，李蔷华和高维廉首演了现代京剧《红色娘子军》；9月李蔷华与关正明、倪海天、张宏奎、熊志云、张剑英首演了现代京剧《奇袭白虎团》；10月李蔷华与高盛麟、张宏奎、朱宝康、刘文振首演了现代京剧《节振国》。1965年7月李蔷华与刘敏霞、张宏奎、高世泰、李正福首演了现代京剧《南方来信》；9月关正明、李蔷华、谢宗俊、陈少蜂、张剑英首演了现代京剧《渡江第一船》。

第八章

乐声阑珊

> 头一天还出席学习毛泽东思想积极分子代表大会，第二天一早出门，就看到满城贴满的大字报，就靠边站、蹲牛棚，十年没演戏。可是，那么经典的戏文在灵魂里盘旋了十年，得出的结论，艺术不死，京剧不死。
>
> ——李蔷华

不想活了，想死

"文化大革命"，对于天天忙演出、走"白专道路"的李蔷华来说，形容为"骤风暴雨式"的一场革命，是再恰当不过了。头一天，她还在出席学习毛泽东思想积极分子代表大会，还在认真听发言、作笔记。第二天，一早起来，接到通知，要去武汉大学看大字报，形势大变。返回路上，就看到同样的大字报已经贴满街头，晕头转向，还没有弄明白是怎么回事，造反派就就让她靠边站、蹲牛棚，被视为牛鬼蛇神，跟"地富反坏右"一起，没完没了地写检查，挨打骂批斗，成了不齿于人类的狗屎堆。

贴她李蔷华的大字报，有个头衔叫"武胜路裴多菲俱乐部骨干分子"。武汉京剧团主要演员住在武汉武胜路，一幢小高层，市里分的房子，她家住三楼。楼里，隔壁是高魏连，张洪奎又是一个单元，三个单元都是主演。于忠昆是党委副书记，又是导演，北京学习回来，主要精力就是导戏。大家在一起切磋多，经常会在高魏连家里，他们家弄些菜，李蔷华他们也拿菜过去，凑个桌。吃饭是假，讨论戏、谈剧本、分析人物才是要务。市里的文化局长，也隔三岔五地来。这个事，就成了造反派最起劲炮轰的目标。

可怜这个导演，堂堂党委副书记，不久就跳楼自杀了。

这一停，就是整整十年不演戏。

1974年，李蔷华失去自由，时而被关在牛棚，时而被公开批判，不迟不早，丁存坤从香港给她寄来一封信，说了许多，中心意思是要把她的大女儿接走。这个女儿是他们共同的女儿，他提出来要，虽然心里一百个不愿意，舍不得，将心比心，他提得也合情合理。只是，李蔷华不喜欢香港的环境，不愿意她去那里生活。当时，李蔷华把这封私人信件给自己的入党介绍人看，算是向组织有了汇报，同时给关正明看，征求他的意见。

真是天有不测风云，后来李蔷华再次被揪上台例行批斗时，造反派清算李蔷华的"阶级斗争新动向"，把香港来信这个事，提到"里通外国"的高度，上纲上线，无情批判。李蔷华不服气，争辩说向组织汇报过的，还说了那个人的名字。造反派当然不肯罢休，把那个人当场叫到台前，让他们对质。万万没有想到，这个人脸不改色地说："她是给我看过一封信的，是不是这一封，我记不得了。"李蔷华眼前立马闪过一部当时家喻户晓的戏《党的女儿》。当着批判大会现场所有人的面，她看定对方的脸，足足有半分钟，说："你就是马家辉！"

这天批判会过后，李蔷华的"待遇"升级了，被单独关进一间屋子，吃喝拉撒都要请示汇报。这天半夜，她想上洗手间小解，报告后，有人过来，照例用黑布蒙上她的两个眼睛，就跟《智取威虎山》里杨子荣进威虎厅前一样。让你完全蒙黑着上厕所，那人拿棍牵着，一段不长的路，走得无比艰辛。好容易到了马桶旁边，那人用脚重重地一踢，听到有水晃荡响，那人吼一句：拉你的吧。完了说一堆汉口话，真正难于启齿的脏话。一个对你百般辱骂的人，站在你身边，等你如厕结束，再骂骂咧咧牵你回去。李蔷华已完全记不清，这些后来的程序是怎么走完的，她的精神崩溃了，到达彻底崩溃的边缘。

后半夜再也无法睡去，翻来覆去一个念头，快点死，不想活。很快，她打定了一个主意。她的口腔里，安装有一颗活动假牙，上面有四个勾子，可以随时卸下来，洗刷后再放回去。她的想法很简单，就是把这颗假牙吞到肚子里去，让这些勾子把肠胃抓个稀巴烂，最后结束生命。结果发现直接吞咽有困难，怎么也咽不下去，死真的没有那么容易。自说自话又有了新办法，等到第二天早上，趁着有人送馒头来，就把馒头抓到手里，掰下一块，裹上假牙，不嚼，囫囵吞咽了下去。

带四个勾子的假牙吞肚皮里了。

万万没有想到，第二天晚上，造反派接到了什么指令，就像被抓进去的时候一样，没讲任何理由，又把她给放了出来。重新获得自由的李蔷华傻掉了，脑子一片空白，她不敢回家，想都来不及想，就哪儿都不去，直奔大姨妈家去。

这个大姨妈，是妈妈面上唯一在武汉的亲戚，生活需要照顾，由李蔷华出资奉养，一直奉养到她老人家去世。找到这位大姨妈，李蔷华就急急地把事情的前后经过详详细细说了一遍，吓得大姨妈只会吃惊地看她的肚皮，连说：祸闯大了，怎办怎么办？李蔷华急切地说：大姨妈，我现在想活了，您办法多，您给想一个。

大姨妈还真有她的土办法，她让李蔷华等在家里，自己几乎是奔跑一般，上街去了菜市场。不一会儿，买来了一大把韭菜，当下就洗干净了，拿开水烫一烫，三四根一拧，让外甥女儿囫囵吞下去，看着她还在犹豫，就一把抓到自己手里，硬是塞进了李蔷华的嘴巴里，自己还一个劲地喊：不要嚼、不要嚼，千万不要嚼！第三天，定时炸弹一般的假牙，果真神奇地被拉了下来。它的原理是生吞的韭菜极不容易消化，让它们包裹住了假牙，把这个致命东西给拽了出来。

这颗假牙，如今像是什么值钱的古董一般，被李蔷华小心地收藏了起来。她得记住，这是自己一生的谷底，死而复生的一个道具。要不然，这冷冰冰的四个钢勾勾，挂到肉花花的肠子，不把你弄出十个肠穿孔，它怎么得消停？

那个曾经说过"是不是这封信，我不知道"的人，1985年12月27日给李蔷华写信，信里轻轻一句"过去在动乱时，我对您错事太多，每想起内疚得很，您宰相肚里能撑船，见谅我们了，敬礼"，算是道歉，想在她的心里一笔勾销。真是天真，已经惹到人命关天的事，怎么说勾销就能勾销得了呢！

漏屋偏遭连夜雨

1971年7月，李蔷华接受审查，刚从牛棚里出来，到家没几天，就发现自己生病了，躺到床上，竟会没有力气爬起来。听到门响，勉强撑起身子，又会软软地跪倒在地上。坐在地下歇一歇，一摸，两条腿，冰冷冰冷，像是刚从冰柜里取出来的。

李蔷华不愿意去医治，忽然就有了念头，也好，病了，死了，就那么死掉，也就算了，一了百了。发现自己这么严重的生病迹象，李蔷华心里反而没有慌，眼睛死盯住天花板，一动不动躺那儿。关正明急了，软劝硬逼，最后还是弄到一辆三轮车，硬生生地把她送进了一所医院。

这个叫做医院的地方，病人不太多，穿白大褂的医生护士更是不常遇到。因为"文革"，原本不多的医院，被打散了，附近的几所医院都打乱了，不是缺领头的主任，就是没主持的医生。被关正明找着的这所，医务人员都是各地凑到一起的，像是临时班子，院长是个女的，好像是刚从东北调来的。接诊她的医生，也是个女的，一看她的病情，就叫了起来，你这么个情况还不住院呀，明不明白，你身上只剩下三分之一的血了，再不输血，就完蛋了。快住下、快住下。

那时住院有规定，一定要开具证明，证明上得有"同志"两个字，才让住医院，没有，就是"地富反坏右"，不是好人，不能为你服务，病得再严重，都找不到敢收治你的医院。李蔷华知道这个,她如果找京剧团开具证明,谁敢给她写上"同志"两字?这也是个原因,为了这个,也就不想看医生。

女医生找女院长。院长不错,说:先不理这一套,人命关天,遵照毛主席的指示,我们要实行革命的人道主义,非得要这个,也得先让人住下,再去开证明。也许她外地刚调来,不清楚武汉规矩,也许她有救死扶伤的天性。这样,第二还是第三天,李蔷华就做了手术。

她平时怕打针,看什么病都宁可吃药,开刀更是不敢想象的怕。这次,不想活了,生死由它了,所以就放得很松,手术台下来,开刀医生摘下口罩,说的头一句话是:你配合得很好。李蔷华冲她苦笑,心想我怎么个配合好,我的肌肉正松弛着呢。

不久,开刀的伤口拆线,一共是缝了十三针的,奇怪,当中有三针怎么是不封口的?医生说,有线头掉里面,没事,线头取走,就封口。其他封口的地方看不出什么,不封的地方有水流出来,还隐隐有痛,人还有低烧。医生划拉个单子,要她去拍片子。

这医院连X光都没有,让病人坐了三轮车,去肺科医院拍片。折腾完了,原路折返,就在回来路上,她发现自己的两条裤腿全湿了,到了医院,赶紧问主任医生,主任正忙别的事,说你先到病床上躺着,我马上就过来。她是马上过来给做检查,当时妹妹和大姨妈都在,主任在口子上扒拉扒拉,她真以为还有什么线头呢,像是扒拉到了,一拉,跟着摄子出来的,是整个儿一卷纱布!李蔷华是刺骨的一阵痛,心里却明白,这个是祸根。

主刀医生手臂沁水,冒着热气。一会儿工夫,女院长来了,为这个明显的医疗责任事故担忧,面露紧张。李蔷华反而坦然,她咧开笑容跟周围人说:手到病除,嘿嘿,已经找着了,解除了,好事呀,没事了。一再关照陪在身边的妹妹,等一会关正明来,千万不要告诉他,不能让他知道这个事儿,他性子急躁,别弄出什么傻事。

院长,特别是开刀医生,整天愁眉苦脸,才离开,一会儿又转到李蔷华的病床边。李蔷华拉住她的手,不住地安慰她:好了好了,我什么想法都没,取出来了就好。李蔷华说的实话:我人已经贱成这样,还能有什么想法?

后来,医生天天往伤口里塞捻子消毒,这样有好长一段时间,才慢慢见好。医生后来透露,万幸万幸,若是再晚一天就可怕了,很有可能变成腹膜炎,就没法子救了。她想说,真得感谢医院设备差,有蹬三轮赶肺科医院折腾的机会。出院时,医生示好,给开了两个月的假,享受了一次特别关照。

李蔷华这次开刀,实施的是子宫切除,很彻底,全部切除。

长春拍电影

1976年上半年，突然接到通知，去武汉军区演出，传达通知的人，特别强调了"武汉军区"四个字，说明不是普通演出，与政治任务有关，无需多问。三部戏：全本的《宝莲灯》、《二堂舍子》和《沉香劈华山》。演出人员被简单告知：看你们的演出，台下的观众，将主要是北京来的审查小组在看，少数陪客是湖北当地的军政首脑，外边老百姓是一点儿消息都不让知道的，这次演出，切勿外传。倒也是能理解，不是一直反对帝王将相、才子佳人么，怎么又演上啦，不要命了么。

李蔷华和关正明合演第二部《二堂舍子》。

传统戏，虽生疏了十年，没吊过嗓子，《武家坡》、《大登殿》、《王宝钏》、《桑园会》，特别是《二堂舍子》这一出，老生跟旦角的对儿戏，李和关，不知对过多少回了，还用得着翻本子去对它？烂熟于胸呢，只需行头套起来，也就演了。

审查小组看过后，撤前后两个戏，留下《二堂舍子》。

小组马上就下达通知，《二堂舍子》去武汉电台录音。很抓紧的，录完后，他们又立即启程带回北京。过不了多久，北京就来通知，《二堂舍子》演出组，直接去天津录像。

他们到了天津后，住在小北楼，随后，北京审查小组的同志，踩着他们的脚印，也进了小北楼。

录像出来了，审查小组让演员自己先过过目，李蔷华看得特别仔细，她在自己审查自己。

不能通过。她一看就发现了问题，到底是十年没化妆了，自己怎么看都觉得不对，原来是耳挖子太低了，耳挖子一低，耳坠就显太低，整个儿就显脖子短了，难看。她直摇头，说：哎呀，这个不行，不能拿出去。

她跟小组商量，小组尊重她的意见，问题确实是问题，说说您的意见。李蔷华急切地说：是不是能重拍一下？小组说：明天就得送走，没有这个时间了。她接上口，说：有，连夜拍。通宵拍。小组担心：这个，身体能行？她说：你们是同意重拍了？行，我们没问题。

李蔷华年近五旬，唱念上乘，戏尾屁股座子腾空而起，飞起两尺之高，变身盘腿硬落，下场跪步快稳，青衣内穿褶子外罩帔，起身连范干净麻利，非常精彩。小组的领导和随行人员，看到她这样的演出，她的精气神，惊叹不已。

演出人员忙活了整整一夜。第二天上午，李蔷华在睡房里呼呼大睡，审查小组带着有点温热的胶卷，走上返京之路。

李蔷华"文革"后第一次化妆妆容（1976年）

北京来电话，没有任何意见，通知到长春拍电影。就到了长春。一个大场地，让他们自己划出一个舞台，拍。李蔷华他们自然是驾轻就熟，大转圈，小转圈，需要多大的位置，清清楚楚定下，开拍，都是一遍通过。摄像师是又开心又感激，他用的胶片是从美国进口的，叫依思曼的胶片，一卷三万多美金，挺贵的。听说为国家节省了不少钱，大家高兴。

多年没上舞台，想不到再有演出机会，是以拍电影这个形式出现的，李蔷华是有点兴奋，兴奋过后有点累，通知当晚休息，第二天上午看样片。她就早早睡下了，一个人一间房，睡得很香。

半夜，还是凌晨，好像有人推她的床，把她弄醒了，门窗依然都好好地关着，看到25瓦日光灯管在晃悠。她脑子里的第一反应是：是不是发生地震了？马上爬起床来，看到天微微有一点儿亮，马路上路灯亮着，可是，无风无雨，电线却在不停晃荡。坏了，地震！

这整个楼层里，除了他们武汉的，还有北京高盛林他们一个团，要接他们之后拍北京送来的戏，人多着呢。她想到喊叫报警，却又不敢，他们出来，有工宣队跟着的，四名演员，都归他管，等于是有人在监督，怎可乱说乱动？便一个人琢磨着，找了个拖把，在走廊里来回拖地，只待一旦有情况，就立刻叫醒大家。

早上吃早饭。她低声向工宣队说：地震了。下面一句还没说出，工宣队瞪了她

电影戏曲片《二堂舍子》剧照（1976年）

一眼，唬道：瞎说！怎么我们都没感觉，就是你感觉到？她立刻意识到自己错了，本是受管制的人，说了就是"乱说乱动"么。低头不响了，心里很委屈。

上午看样片，两个小姑娘服务员坐前面，悄悄说话："知道吗，昨晚上地震了，快天亮时。""这会你咋还没有睡？""这不，我写入党申请书呢。"样片室很安静，想必工宣队也听到的，他没说话。李蔷华不指望他能说什么话。

第二天中央台广播，邢台地震。有了最权威的证明，她在琢磨自己：为什么比别人敏感？这种天赋对演戏有帮助吗？李蔷华好琢磨个事儿，都琢磨到自己身上了。

天津回武汉没多久，又接到通知，要她作好准备，北京还要她拍两出戏——《桑园会》和《六月雪》,《窦娥冤》的一段。李蔷华自然遵命，回去好好准备，等通知。都不知道是什么原因呢，有演员就跳出来了，她是妒忌，不服气，在团里放话：李蔷华人还没解放，怎么拍电影这么些好事，尽轮到她，轮不到我呢？我可是没斗、没关、没有被打倒过的呀。她这么跟领导叫板，就是明着要上戏。

多一事不如少一事，单位领导也就作了让步，让她主演《桑园会》。可是，真要上戏，她掉链子了，词儿不熟，就叫演花脸的、关正明他们"正字辈"的李正福，来找李蔷华问唱词。李蔷华这个时候的心里，五味杂陈。不是她要跟人争什么名利，是为京剧叫屈，连词儿都不会，你怎么能把人物演活？人物不生动，还有什么艺术感染力？没有艺术感的事，争着去做，真的没半点意思。

她对她没意见，特想告诉她这个。

正要按组织的安排，研究《六月雪》，谱也弄好了，粉碎"四人帮"的消息到了，一切推倒。

后来知道，中央拍传统戏，是一个工程，主要是为了给毛主席看，他老人家一

京剧《春草闯堂》剧照（1978年）

辈子迷戏。

"文化大革命"，上面变化，下面也跟着变。"文革"初，那些贴过她大字报，整过她的人，这会儿见她又是拍电影，又是北京、长春地跑，又羡慕又妒忌。这些事儿尽管再三说保密，哪有不透风的墙？早让人知道了，你在赶来赶去忙乎，人在背地里传来传去，也挺辛苦。这下好，"四人帮"倒了，"四人帮"时期红的，不也得跟着倒霉？说清楚吧，交代吧。等着看好戏的，还真大有人在。

当然，这好戏，没能看成。

亲娘总归是亲娘

1956年生的儿子关栋天，1966年"文化大革命"开始，还只是刚刚十岁的少年郎。这是个非常尴尬的年龄，意味着这个年龄段的孩子，必须继老三届初高中后，步入"知识青年"行列，以更加稚嫩的肩膀上山下乡。

对这个儿子，李蔷华就是一砣铁，一个有威势的严母。

生活上，他们家的条件太好。上世纪50年代，她和关正明，月收入一人650

元，两个人合到一起就翻倍。这是个什么收入？普通工人，哪怕你八级钳工，也至多 100 元左右。三年困难时期，人家受苦，类似他们这样的家庭不苦。总理说，留得青山在，不怕没柴烧。党和政府把演员，主要是杰出演员，都保护得好好的。粮食，25 斤一月，他们另贴 50 斤。三斤糖，两条烟，他们又是双份。武汉京剧团，专门为他们这些人开了一个饭店，比如外面 6 元可请一桌酒席，他们里面都是高价，什么特大鱼头、大火锅，收 20 元，顶到天花板了，再不会多收。李蔷华把粮食都给妹妹带了。

这个就是关栋天童年的生活条件，不用说是蜜罐。这蜜罐，是李蔷华对孩子深深担忧的理由。自然而然地，李蔷华养成了对孩子不宠不惯的习性，家教极严，有很多规矩，比如吃饭，就是不允许孩子和大人一起吃饭，她在家里置一小桌子，让几个孩子围在那儿一块吃，吃完了乖乖到边上写作业去。

关栋天从生下来，到背着书包上学堂，李蔷华没有替他做过一件新衣裳。四季衣服，从里到外，就没给他做过、买过一件新衣，他穿的，都是姐姐穿剩下的衣服。你说她早有准备也行，包括尿布、小肚兜，这些姐姐襁褓时用过的东西，只要没有烂，只要明显的破洞能补上，只要比划比划能凑合，就给这个唯一的儿子穿。

他是男孩，怎么能穿女孩的衣服？

是男孩，为什么就不能穿女孩的衣服？

不破又不烂，有什么不能穿？！

1994 年，李蔷华与儿子关栋天（中）

不给他买新衣服，让他穿姐姐的衣服，就是不能惯他，让他明白这个理。她从小对关栋天管教严格。她的三个孩子，蕾蕾、红红两个是女孩，她对女孩另眼相看，没有这个要求，她这叫男女有别。

偶尔带孩子上街坐回三轮车，李蔷华当着孩子的面，每次两三毛的车钱总会多给工人一毛两毛，从来都这样，乐善好施，也需要潜移默化。夏天天热，她买个哈密瓜拿到后台，后台有一个大木盆，里面搁上几块冰，把瓜搁冰上面。演完了要走了，把瓜切一半，一半拿走，一半给搞服装的几位师傅。一次两次，孩子明白道理了，做人，有福得同享。

1974年关栋天当了知青。那天下午，老天下雨，开头，雨滴并不大，断断续续的，有时还会放晴。准备出门的关栋天有点犹豫。他是打算赶回汉阳郊外，他插队入户的村里。

到武汉来的时候，跟生产队是讲好的，办完事，今天回去。话是这么说，但是农村不比城市，当农民也不比上班的工人，时间概念没那么强，回去是早一天，还是晚一天，不会有那么计较，压根也没有这个必要，乡村待过的，都知道。放着这么一堆理由，望望天空飘洒的雨水，关栋天想打退堂鼓。

李蔷华不行，她这一关过不去。她轻声轻气地说，回去吧，讲好的事儿。

知道妈妈脾气，关栋天不回嘴，他看天。天上的雨势，得命令一般，转瞬间齐刷刷地猛下，而且越来越大，很快就到了难以形容的倾盆大雨。关栋天收回目光，看妈妈。

李蔷华不看天，望着窗外风雨中的小树，说：男子汉大丈夫，一言既出，驷马难追。

关栋天没有回嘴，一句都没多说，套上雨披，返身扑入了雨中。

也许是耳濡目染，家庭影响，也许是天赋，关栋天自幼爱戏，小戏迷。他们家住三楼，二楼就是排练房，听到唱，他就去，奔十几节楼梯就成，很方便。

关栋天乃生不逢时。天真活泼童年时，正是最爱唱戏的妈妈，跌入最恨唱戏时。李蔷华正在接受审查，天天被造反派像狗一样，从家里押到京剧团，再押往什么群众集会的地方，批斗、示众，颜面尽失，斯文扫地。每天拖着疲惫的身子回家，每天她都会起咒：这辈子再不唱戏！不唱戏，不唱戏，死也不唱戏了。我"李蔷华"三个字，本来就不是我的，是继父好心给我按上的。我不要了，还给继父去！

儿子太小，儿子天真。学校放学，或者跟小伙伴们玩够了，回家路上，忘乎所以，一开心，他就唱，扯开喉咙唱听来的曲子，到家了，是唱着进来的："提篮小卖——"

被批斗回家，李蔷华心里堵得慌，正生闷气呢，关栋天来的真不是时候。

"不许唱！"李蔷华喊道。喊过后，她自己都吃惊：怎么啦？口气跟造反派学的？蛮横无理透了。

在关栋天少年时期，李蔷华这种严酷的教子方式，固然有时代的烙印，更重要的是来源于自身经验。一个是生父，一个是赵君玉。传统观念里，女儿是嫁出去的，儿子是要成家立业的。条件太优越，就怕将来养成没用的儿子。她认为自己是从内心去疼他，她不能害他一生。

关栋天的爸爸关正明心疼儿子，不能理解李蔷华的作派，一次又一次地，他再也忍不住了，满腹愤懑地说：你简直不像是亲娘。

这个事，李蔷华是想透了的，也知道他这么爱孩子，总有一天要说这样的话。她平静地回答道：像不像亲娘不要紧，我是亲娘。亲娘总有亲娘的感情。我爱我儿子，希望爱他一生，一生都成器。

1971年，关栋天十五岁，进入了变声期。同一年，李蔷华和关正明从牛棚回家，但不代表政治上解放了，所以不能上台，还是只能看着别人去演戏，这对他们来说是非常苦闷的。无戏可演，只能整日在家闷坐。李蔷华知道，对京剧演员，尤其是文戏演员来说，这个时期，算得上是最重要的关口。幼功练得再好，戏学得再多，仓门过不来，将来就无法挑大梁，唱主角，成为真正的名角儿。做娘的当然清楚儿子的天赋，见他又是那么迷恋唱戏，就转变策略，不仅不干涉，而且开始热心点拨。关正明是优秀的老生，有着丰富的实践经验，"文革"无戏可演，他就把大量精力，投入到带教儿子上来。在父母的精心培养下，关栋天在京剧道路的起跑线上，很快起步。1977年，他从农村上调回武汉做工人，1978年考入武汉京剧团。关栋天唱戏、做专业演员最原始的动力，特别简单，就是为了证明给大家看：关正明、李蔷华的儿子是好样的。"文革"期间父母受到太多不公正的对待了，吃了太多苦，我一定要证明给大家看。

没有正式的科班训练，关栋天在家学熏陶下，迅速成长。1984年正式调入上海京剧院，在上海京剧院创作演出的京剧连台本戏《乾隆下江南》中塑造的乾隆形象，影响广泛。1999年，关栋天加盟"国家舞台精品工程"《贞观盛事》剧组，塑造了鲜活的明君、唐太宗李世民的形象。关栋天最让同行和观众钦佩的是宽亮醇厚的音色、飘逸自如的唱腔，因为这个"唱不死"的金嗓，关栋天被誉为京剧界的"歌剧男高音"。从最早的《乾隆下江南》、《潘月樵》，到如今的《贞观盛事》和《廉吏于成龙》，关栋天的演唱可谓炉火纯青，臻于化境。

最讲究科班培养的京剧舞台人才，仅仅靠家学，靠天赋，成为当今中国京剧界数一数二的老生，关栋天是一个特例。有人断言：如关者，悠悠大千，前无往者，也难来者。

说关栋天，绕不开他的母亲。

李蔷华说儿子，就一句话：他现在成器，我也高兴。

走到尽头的婚姻

李蔷华关正明的婚姻亮红灯，是感情问题，与金钱无关。

以前，他们主要演员的高工资叫保留工资，文艺一级362元，李蔷华入党后，根据组织意见，自己申请，取消保留工资，拿240元，"文革"砍去一半，就是120元。

"文革"期间，李蔷华对家里每月的收入，有一个安排，乍一看，有点费解。

除了前面提到的每月给弟弟45元，给武汉大姨妈寄15元，还有重庆的干妈。这位当年日寇轰炸下收留过李蔷华一家的恩人，1948年以后，家里破败，李蔷华获知后，就从那一年起，每月寄给她10元。住在荆门的、姓熊的亲姑妈、生父的大妹妹，也是10元。这些都是李蔷华亲自一条一条写好，有时让孩子去办，有时让别的亲戚比如关正明的哥哥嫂子去办。

自己的两个孩子，因为她和关正明都在牛棚，由单位财务每月从工资卡上扣除，一人12元，母亲这儿扣12元，父亲那儿12元。这么着，她自己名下收入的120元，除去了这些月月要支出的92元，还剩下28元给自己。关的归他自己，他们两个，没有话，经济也无法来往。她出门去，食堂排队买菜、饭，能买一角钱的，绝不能花一毛一，哪天贪嘴，超了这一分，就要自打嘴巴子。

"文革"结束后，1978年，关正明和李蔷华落实政策，被扣留的110个月的工资全部补发，给补回的是每月被扣一半的工资，得到了一笔数额可观的钱，有一种一夜暴富的感觉。眼看着苦日子要到头，好日子就要来了，他们家却起了大变化，不是变好，是变坏，也就在这一年的6月7日，他们的婚姻也走到了尽头。

仔细想想，也是顺理成章的事。

"文革"十年，他俩基本是在牛棚度过的，关正明个性强，脾气倔，接受监督劳动，人家批评，他总要顶撞，不服气。"小将们"都是不讲理的，想要犟嘴，压过他们去，当然免不了自己皮肉吃苦。李蔷华总是劝他，能让就让一让，事情总归能弄清楚的，他就是不能听进去，有时还要冲她发火。性格不一，一些事情上想法不一样，越来越讲不到一起。长期的靠边，看不到希望，心情都不好，背着包袱，提个网兜，被人像牲口一样，从这个地方押到那个地方。唱戏唱成这个样子，就是想不通，李蔷华就曾下过决心，从此再不唱戏，改名埋姓，遁入山林，做尘世外人。

他们这一对舞台伉俪，1971年之后，开始话不多，非到不得已，才说话。后来，这些不得已的话也让孩子或者别人传，终于发展到互相谁也不理谁。人说冤家宜解不宜结，他们是一个劲地结，最后结出来一个整整六年不说话的恶果。

名为夫妻，一起出去，下工厂劳动，去农村改造，安排住宿，他们都是分开住的，这在剧团里早已是公开的秘密，但是，作为李蔷华，为了两个孩子，还是不愿意离婚的，她曾下定决心，即便是一辈子不说话，也愿意为了孩子把婚姻维持下去。但是，事非人愿，因为已经是公开的秘密，就有空子可以被别人钻，别人钻空子得逞，丈夫又去意已决，李蔷华就再不优柔寡断，狠狠心结束了他们二十五年的婚姻。

说到师父的这段婚姻，李蔷华的学生朱丽丽坚持认为，师父和关正明一直是很恩爱的，在一起演了这么多堪称经典的对子戏，两个人在舞台上配合得游刃有余，同事们都非常羡慕他们这一对舞台名伶。当婚姻无可挽回时，师父所表现出来的惊人毅力和大度，又是常人难以做到的。

儿子关栋天的看法，当然是彻心彻肺的。他特别想不通的是，1978年"文革"结束，日子好了，爸和妈却过不到一块了。他们离婚是儿子陪着去的，特别痛苦，但他知道是没有办法挽回的。当时二姐红红判给父亲，自己判给母亲。后来李蔷华问他："我要到上海去了，你们谁跟我走？"那年关栋天二十二岁，他说：从唱戏的角度，我还是愿意跟父亲一起。姐姐爱穿着打扮、爱漂亮，比较向往大都市，那就让姐姐跟妈走吧。决定了之后，关栋天嚎啕大哭了一个晚上，为家庭的离散，为自己的前途。关正明去世的前两年，跟儿子谈起过与李蔷华的，讲得比较委婉，总之就是觉得当时处理得比较草率，自己有做得不对的地方，这让儿子既惊讶又感动。

回望这段维持了二十五年、又过去二十五个年头的婚姻，李蔷华有自己的感慨：实际上我也有很大责任的，1971年子宫肌瘤开刀之后，夫妻生活出现裂痕，都还只有四十出头的年龄，这是可以正视的科学问题，采取互不理睬的消极态度，回避矛盾，真是很不可取。过分个性强，要事业，要戏曲，工作狂，在日常生活里，摆旦角的架子，更是要不得。一个女人，女人味减少了，男人怎么会喜欢呢。

那个人又出现了

1947年死追过李蔷华的那个人，二十年之后的1967年，又以意想不到的方式出现了。

曾经家缠万贯的人，忽然变得一贫如洗。1959、1958、1960这三年，李蔷华每年来上海演出，他每次都能知道消息，而且每次都是第一场，第一排的当中位置，那是何等的执著，何等的潇洒。李蔷华呢，每次也都有了心理准备，出场前，往台下瞄一眼，有他端坐那儿，也不觉得特别意外。

1967年，李蔷华正焦头烂额呢，他给来了封信，开门见山，说我现在一贫如洗，跟你李蔷华借钱。还说你妈妈在时，曾向我借过钱，你能否替你妈妈还？

就这么几句。李蔷华把信给关正明看，很坦然，前因后果说了个明白，怎么处理，听听你意见。关说你想怎么处理就怎么处理吧。行，知道是这么个回答。一个家里的事么，这个过程必须得走，更何况牵扯男女的事。

李蔷华就按自己想法，着手处理。她给妹妹写信，她有一只金戒指在妹妹那儿，让她马上卖掉这个戒指，可卖300元钱，让她把这个钱交给弟弟金海。回头她告诉弟弟那个人的地址，让他给那个人送去，见了面，你就这么告诉他：你给我姐的信，她转给我了。我是儿子，妈欠的债，理当我还。

弟弟做了这事，钱是分文不少给了人家，话却没敢那么照搬说，他对人还是实说："钱是姐还你的。"弟弟人忠厚，他不会撒谎，更不想贪姐之功。所以落实政策后，那个人马上给李蔷华写来一信，简述来龙去脉，表示这个300元钱，毋须你还，特由邮局汇上，并"希哂纳"，"望见复勉念"。关键是最后一句。对不起，"见复"就不是李蔷华了。

又带出个事。李蔷华弟弟金海，跟上海京剧院毛剑秋熟，毛是唱麒派的，他们俩有过聊天，聊到那个人时，金海说，滑稽吗？我去给他送300元钞票时，开门的，竟然就是我姐向他推荐的丁静，这个人真是滑稽，我姐姐跟他说你娶她做老婆吧，他也真的会听，娶了丁静做老婆。

这事，后来让李蔷华知道，她竟惊得张开嘴，无语。

第九章

云从龙

> 他说有这么个想法,希望您能来照顾老师。我当时自尊心强,给他写了封信,大意是,这是你的意思还是老师的意思?想给我找饭碗,不必,不开心。如果你老师有这想法,他年纪大了,需要人照顾,我没话说。
>
> 重庆干妈住我们隔壁房间,早晨,她对我说:昨晚怎么回事?在洗手间哈哈哈的,你们怎么那么开心呀?
>
> ——李蔷华

尴尬的处境

1976年,粉碎"四人帮",李蔷华又可以踏上红氍毹,为观众们演戏,这是她最开心的事。武汉的观众,又是特别可爱的,这会儿可乐疯了,整整十年没有看过传统戏了,无论什么戏上演,都是天天客满,没有"几乎",就是实打实地场场满员。李蔷华演《白蛇传》的《断桥》,几十场都是人山人海;演全本《宝莲灯》,过去是和关正明演的,现在和关的学生徐斌演,连演七十多天,盛况空前,热烈程度不可想象。

李蔷华备感欣慰。1978年与关正明办离婚后,再与他同台演戏,而且多为对手戏,很显尴尬,尤其是李蔷华这样很投感情的演员,现在能与徐斌成功出演,证明脱离与关正明合演的习惯模式,观众也能接受,这一点,特别让李蔷华感觉身心俱悦。

这点高兴维持不到半年,便被接到为中央领导演出任务的消息冲走了。1958年为中央八届六中全会服务之后,领导们很喜欢看她跟关正明的联手演出,一个老生,一个旦角,《桑园会》、《亡蜀鉴》、《二堂舍子》,都是他们俩演的对手戏。由于武汉地理位置特别,中央领导上庐山,看长江大桥,都有机会过武汉,到武汉要看戏,就看他们俩的。这次,是中央李先念同志到了武汉,这时他的身份是中共中央

李蔷华《春草闯堂》剧照（1977年）

副主席，他也是戏迷，陪同人员向省里领导明确表示，要看李蔷华的青衣关正明的小生，首长还专门点了《桑园会》。

消息最早是儿子关栋天告诉她的。儿子说：妈妈，明天你去开会，团里领导肯定会这么跟你说的，你得有个思想准备。她当场咯噔一下，心里纠结，一下子不能接受。儿子是贴心的儿子，知道妈妈的脾气，先给打预防针。

第二天她去，领导果然跟她说这个事，希望她能完成这个任务。她坦率地说，从感情上说，我是不愿意，但我是党员，这是任务，交给我，一定得完成，从前怎么，还是一样演，有这个信心。这次演出，还是李蔷华和关正明搭档，和过去一样，心里别扭的李蔷华，上得台后，每一句唱腔，每一处细节的处理，依然严谨，一丝不苟，领导和观众非常满意，报以热烈的掌声。演出结束，照例是主要演员和领导合影。李蔷华还保留着一张照片，上面的领导同志有李先念、谷牧等，关正明也在，不知为什么，照片里，他是远远地站在后面的。

执行领导的指令，演出归演出，回到家里，还是得一个人面对这份拂之难却的不愉快。李蔷华的心情很不好，满肚子的委屈无处诉，经常失眠，唯有夜半在长途电话里，向妹妹诉说。妹妹李薇华了解姐姐的心情，她真替姐姐担心，这样长期下

李蔷华《江油关》剧照（1977年）

去，不是个事儿，姐姐是会得忧郁症的。得想办法给姐姐换地方，让她摆脱这个尴尬的处境，她对姐姐说：你必须得脱离武汉，这样压抑，受不了。

事情要是成了，委屈你了

李蔷华有了个到上海的机会。她是大家公认的工作狂，在武汉京剧团二十五六年，总共就请过两次假。妈妈病重，到去世，来回飞，请三天假，这是一次。另一次，妹妹为了夫妻团聚，调动无望，打算辞掉湖南省京剧团的公职，做姐姐的急了，赶去长沙，也请的三天假，劝说未果，即返，一天都没有多留。

这次团里安排她休假，没别的地方去，就去上海看妹妹。到了上海，那天，妹妹说要去看俞振飞先生，有一个叫袁汉云的，和妹妹在镇江演过戏，他托妹妹找俞老，为其介绍去文史馆工作。李蔷华说，那我跟你一起去。之前，俞老给李蔷华来过一封信，知道武汉的小生高魏连"文革"跳楼死了，武汉缺小生，俞老有学生，是个很好的小生料子，想介绍给武汉。同时，听说李蔷华离婚了，劝她保重身体。李蔷华就把这个信交给了团里领导，领导却迟迟不给回音，到底是要还是不要，没有个定准的信息，也就没有回俞老信。

去到俞家，俞老正患感冒，未愈呢，不太多说话，李蔷华就当面把没回信的原因讲给他听，他点头表示理解。这天正好他学生薛正康来，薛说与妹妹住得近，都在虹口四川北路，所以从俞老家出来，大家就一起坐公交回。在车上，薛问了李蔷华与关正明离婚的事，薛是上海京剧团的小生，跟关是上戏的同学，"正字辈"的。因为外面传说关对不起李的事，李就更正，说：这事儿也不能全怪他，我脾气也不好，我们离婚前已经六年不说话，出这样事儿，我也有责任。回武汉后不久，薛正康给李蔷华去了封信，开口就叫她"师嫂"。

因为才见面不久，就少了客套，薛正康的信，单刀直入说正题，有意拉这根红线："俞老膝下无儿无女，身边无人照顾，你能否与之作伴，俞老年纪虽大，身体尚可，请放心。"

李蔷华知道，薛正康1957年被错打成"右"派，下放到湖北孝感县，但他1950年在香港就拜了俞老的，俞老见他下放，很是心疼，就想办法把他调到上戏，在自己的领导下当老师教课。因为有这些关系在，李蔷华就有顾虑，在回薛的信里直言道："我经过一次婚变，根本不考虑其他了，更没有想到再婚。信中提到俞老的事，如果这是你的想法，那就大可不必，如果是俞老本人的想法，我就没有话可说了，因为俞老是我向来尊敬的师长。"

李蔷华自尊心特别强，向薛问清楚，是你的意思还是老师的意思，正是她性格所致。她心里想，你若是为了可怜我，给我找饭碗，俞老名气是比我大，但我们的级别都一样的，那就大可不必。

其实，李蔷华与俞振飞同为梨园中人，早已相识。

1947年，俞振飞为她陪演《铁弓缘》。

1960年，她在北京听过他《游园惊梦》的讲座。

她在武汉接待过俞振飞、黄曼耘夫妇。

也曾到上海探望过俞振飞、言慧珠夫妇。

俞振飞的艺术、人品、文学修养和为人的修养人人皆知，早为李蔷华所景仰。程砚秋先生来上海，要找一位小生搭档，程派迷上海银行家陈叔通把俞介绍给他，邀之演《游园惊梦》。程先生赞俞振飞是个人才，称俞振飞是小生最佳人选。那是上世纪30年代初，李蔷华还是个小女孩。之后，每来上海，程先生都让俞振飞合作，又邀俞振飞飞北京，参加自己的鸣和社（后改为秋声社），结果，除《亡蜀鉴》和《锁麟囊》外，所有程派名剧，都与俞振飞有过合作。程砚秋说："京剧演员有无昆曲根脉,不仅涉及戏路宽窄,更重要的涉及修养和气质。"程先生向俞振飞学习了昆剧《断桥》、《水斗》、《藏舟》折子戏,成莫逆之交。

不久,俞老亲自给李蔷华写信,直接表达了心愿。两人通信商量见面地点,李蔷华认为上海、武汉都不合适,认识的人太多,万一谈不成,怕影响俞老的声望,俞老感激她的良苦用心。最后确定在广州见面。

1979年10月,李蔷华由妹妹薇华陪同,从武汉去了广州。一下火车,就看到俞老正由薛正康陪着,在火车站迎候她们。在广州,他们住进了百花园饭店。

进门,俞老剥了一颗糖给李蔷华吃,感觉得到,老先生比较激动。"哎呀哎呀,这个事体要是成了,就是委屈你了。"这么一句话,他连说了两遍。

慢慢平复心情,他们在广州住了将近十天。

他们放松地交流思想。当时"文革"结束,正在落实知识分子政策,发还抄家物资等。俞振飞就拿这个说事,他对于被抄发还的一万元人民币,打算一半交党费,一半捐给戏校,给学校"蒙古包"实验剧场解决燃眉之急。俞老考虑得非常具体,说是要添置冷暖空调,安装一批吊扇,解决降温问题。至于前妻言慧珠的遗产,凡属她的被抄财物、她名下的房产等,都由她的儿子继承,他一概不要。

李蔷华在广州(1979年)

当时俞振飞自己家里还没有安装空调,冬天取暖,都还靠以煤油为燃料的取暖器。光是这么一点,李蔷华听了,直为他的风范感动。她当即表示了完全支持的态度:你的这些决定都是对的,我支持你。后来,法院处理抄家物资归还征求意见,关于言慧珠的钱物,按婚姻法,俞振飞和李蔷华都是合法继承人。法官提请当事人注意这一点,李蔷华都是跟俞振飞同样的态度,一分不要。

在俞振飞这儿呢,这么早就迫不及待似的讲这些,有试探她态度的意思,他实在是被拜金的世风吓坏了。听李蔷华这么能跟自己想到一起去,这让老先生备感欣慰。

俞振飞掏心窝说话:本来,我这个年纪了,找什么样的人呢,找年纪大的,谁照顾谁?找年轻的,谁又肯取我?所以反正有几个学生平时照顾,也就算了。我跟童芷苓演出《金玉环》后,半夜里发烧,要口水喝都没有人给我。老人这样说话时,透露的是无奈和窘迫。

在这座下榻的百花园饭店的花园里,他们拍了第一张合影。背景是一株丰硕油亮的美人蕉。那照起初是李蔷华一个人站好位置,等着拍的,临了,俞振飞往她身后一站,说,一起吧,摄影的就按下了快门。这过程,使这帧照片有了值得品味的寓意。就是这张那么随意拍下的照片,俞振飞很喜欢,他在后来给李蔷华的信里说:我们都这个年纪了,跑去结婚照怪难为情的,这张照片拍得很好,美人蕉前站着一个美人。要是能放大,就算我们的结婚照吧。

他们是1980年1月4日结婚的。之所以比原来设想的有了提前,主要考虑到这年的4月份,文化部有个安排,为俞振飞舞台生涯六十周年举办一系列隆重的活动,到时肯定会有各地的朋友来,各种各样的场面要应付,在这件事上能帮助到俞老,做一些实际的工作。

结婚以后的1月18日,武汉京剧团成立三十周年,李蔷华跟俞老就去武汉演出,顺便想办李蔷华从武汉调去上海的事。时任湖北省委书记陈丕显,与他们亲切相见。

陈丕显说,我是要招女婿上门的喔。

他把李蔷华当湖北的女儿。俞振飞自知他的意思,就委婉地说起,中央文化部要给他过舞台生涯六十周年,节目都定了。

陈丕显爽朗地说,那好呀,我们给办呀,武汉办呀。

俞振飞笑笑。

一旁陈丕显的爱人,还不知道李俞已经成婚的事,悄悄跟李蔷华说,李先念同志说要你们复婚呢。李蔷华就耐心地跟她说,你想一个瓷碗摔破了,你再把它怎么地弄到一块儿也是有裂痕的,何况我已经跟俞老结婚。意思就是说,即便还没有结婚,也是不可能复婚了。李蔷华言辞恳切地跟陈书记直说,放我走吧。

后来,这年的4月,李蔷华获批正式调上海,是陈丕显书记亲自批的。在他了解清楚两位著名伶人的现实困难后,是他亲自打电话给上海市委书记"求人情",最终解决的"上海户口"。李蔷华感动不已。

陈丕显,1974年10月,在毛泽东的直接干预下,走出牢笼重新工作。1977年1月,到云南工作,不到半年,1977年7月中旬,才调任中共湖北省委第一书记。武汉工作才三年,这么高级别的领导干部,自己还刚出来工作,就为她的调动服务。她感慨万端,不能不让她又想到过去演员的地位。

应陈书记的要求,临离武汉,她给武汉部队演了一场《江油关》,可以想见,李蔷华演这场戏的心情。陈丕显也是观众,他对旁边的观众咬耳朵:不是考虑到俞老的年纪,的确需要蔷华同志的照顾,我真是舍不得放她走。有些话他没有说,比如说,蔷华还是湖北省政协常委、湖北省连年的先进工作者、武汉市三八红旗手、武汉戏剧家协会副主席。这么个优秀的人物,正当唱戏干工作的盛年,咱们武汉、咱们湖北有多需要呀,怎么能说走就走了呢?

临老了,享清福了

李蔷华进入到俞老的生活,发现实际的情况,远比想象的糟糕。说出来令人难以置信,这么一位堪为国宝的京昆大师,家里居然没有一床像样的被子,没有一张像样的床。换洗的最普遍的圆领白色汗衫,只有两件,而且,一件上半截有破洞,一件下半截有破洞;其他贴身的衣服,居然质地都是化纤,没有一件是纯棉的;还有让人哭笑不得的,大概是久未熨烫,或者洗涤不得法的缘故,他的衣服,尤其料子服,都是一块一块起皱的,手撸下去,老半天都撸不平整。

合上衣橱,李蔷华坐到椅子上,没有话,流眼泪。能想到的是,在广州百花园,讲到为什么要结婚时,俞老垂下眼睑,那满脸无奈的样子。从"文革"之初,到现在,十四五年了,一个人就这么凑合着,一天天过这种日子。擦去脸庞的泪水,李蔷华知道自己该做什么。

她从武汉置下了一张大床,运到上海,谁看到都说,好料作,上海市面上哪里去买这么好的东西?她陪俞老去了培罗蒙,给他做西服,做大衣,从薄的做到厚的。李蔷华就是想不通,他有收入,280元一月的工资,为什么不把他的生活调整好?她让妹妹把自己家和弟弟家的棉布票凑到一起,买了一床又暖又滑的被窝,铺到床上,老先生看着,用手轻轻地抚摸,感慨道:我已经十多年,没有盖这样的被子了。

俞振飞写给李蔷华的书信

10月广州见面后，11月26日，俞振飞致信李蔷华，这封已经公开发表的信，说到李蔷华回武汉后，为俞老配了眼镜，知道他取暖器购买燃烧有困难，在为他设法买煤油，等等。这些信息透露了李蔷华在接触俞老之初，就找准了自己的位置，细腻入微的生活关心，正是俞老人生里最缺失的部分。以致他在广州分别后，接到李蔷华给他的第一封信，近乎欣喜若狂："见到来信，如获到宝。我回沪后精神状态很好，这种状态发自内心，谁也猜不到的。"

之前，李蔷华从懂事起，十岁上台，就是演戏，就是学戏和练功，就会学戏、看戏、唱戏，几乎没有进过厨房，连个鸡蛋都不会炒。不是手懒，是妈妈不让她进去，不让她碰锅，说那有油，手油了不好看，演员的手，不同别人的手，是伸出去让人看的，要好看。在剧团，或者随团外出，她倒是样样都做的，就是家里的事，她真的是很少过问。

与俞老结合后，李蔷华像是换了个人。俞振飞先生原本在吃穿用上是非常讲究的，喝鸡汤是要搁火腿的，吃蛋炒饭是要沾果酱的，吃肉粽子要蘸白糖的，晚上是要用很烫的水烫脚的。李蔷华在了解后，一件件都做到了，她就每天交代保姆买菜时，注意买俞老喜欢的，让保姆做，她会看，会琢磨，保姆做不了，她就自己学着做。俞老生活上有什么需要,她解决不了,有时请教妹妹、弟媳妇,跟她们商量,有时候请她们帮助,怎么把他照顾好。

每次出门上车时,她总是抢先一步,把手放在车檐上,免得俞老撞着头。买菜还是常常不放心,她就干脆随保姆一起上菜场,精心挑选俞老最爱吃的东西。到了晚上,她先将俞老服侍上床,自己则要忙到凌晨一两点钟才就寝。这样按部就班的生活,他俩平和地过了十几年,从来没有红过脸。说到俞老,李蔷华总是感慨,他呀,你跟他说什么,他都回答好好好,你让他吃,你吃点吧?他也许并不想吃什么,回答你的还是:好呀好呀,吃呆呀无啥(苏州话:吃一点也没关系)。什么都是好。一直到他后来病重住医院两年零两个月。

刚到上海时,按常理、按她的兴趣,她是应该去继续当演员的,但她一口回绝了别人的好意,拒绝了剧团的工作,而是选择待在了戏校。理由很简单,她太熟悉剧团了,那是经常有演出任务的,而演出绝大多数是在晚上,她去演戏了,谁来照顾俞老?

时任上海京剧团分管业务的团长郑利寅,每年春节,都要和团里主要演员拜访名家:俞振飞、黄佐临、杨村彬、陈从周、秦瘦鸥、郑拾风、陈雨汀等。看过他们后,总会有议论,有的老先生,家里收拾得清清爽爽,穿着也很清洁整齐,有的就不行了,家里邋遢,甚至下巴下衣领上有饭粒痕迹,差别很大的。印象最深的,就是俞老,不管在家里,外出,给人的印象总是很清爽。不用说,这都是夫人李蔷华的功劳。

有天下午,郑利寅前往淮海西路俞家探望,晚上李蔷华留他在家里吃饭。餐桌上四菜一汤,有荤有素,荤素搭配,他发现俞老饭量不错,吃得很香。郑利寅问他感觉如何,他说饭菜很对胃口,菜谱是李蔷华定的,让保姆买和做,有的菜还是蔷华亲自下厨做。俞老忍不住把夸赞的话当面说了出来,让一旁的李蔷华都不好意思起来。

妈妈这么周到地服侍俞振飞先生,儿子关栋天都看在眼里,他有自己的感叹,当年爸爸妈妈若也能那样相敬如宾过日子,他们何至于会走到劳燕分飞这一步呢。

温暖的港湾

李蔷华1953年底离开上海,1954年参加武汉市京剧团,一直到1979年离开,二十五六年间,不是武汉市先进工作者,就是市三八红旗手,1978年还是市三八红旗手、局系统的优秀党员。她对人说,我李蔷华没有别的本事,就是唱戏,就是从来不闹脾气,什么都干,只要让我唱,一年两百多场戏,谁个主演病了,领导只要

俞振飞、李蔷华合影，摄于1989年10月，俞振飞获第一届中国金唱片奖

说了一句"蔷华同志你来演"，我就会上去演。一个如此热爱舞台的李蔷华，怎么能安心在家里相夫，天天把服侍俞老作为自己的工作，而且乐此不疲的呢？

结婚过后第四个月，也就是李蔷华的组织人事关系，从武汉正式调入上海的当月，中央文化部举办"俞振飞演剧生活六十周年纪念活动"。第一天晚上，有俞振飞名篇《太白醉写》，观者如潮，观众席里有李蔷华，她看得如痴如醉。

这是她作为妻子的身份，第一次看俞老的演出，她的心情自然不同，看得也特别认真仔细。俞老是把李白演活了，他成仙了一样。蔑视高力士那种面部表情、肢体语言，真是鲜活。这样的艺术，不是一般人能为之。这是神韵，传递的是超现实的东西，又是最高的艺术境界。正如梅兰芳先生所言，你手这么一指，衣袖那么一甩，都得讲究一点仙气，这点仙气不是凡人能拿得到的，他的整个儿素质，他的文学素养，都在那儿明白无误地体现出来。

这个《太白醉写》的夜晚，李蔷华感觉自己的决定、付出和准备的付出，都是值得的。李蔷华首先明白了自己：我为什么要这样子对待俞老？因为我是搞戏的，我就是一个戏迷。我太清楚了，你要造一幢大楼，110层，台北的摩天大厦，150层甚至更高，只要有10亿、100亿，一切皆有可能。你把这点钱花在培养一个俞振飞上，不可能。培养固然是需要，但不是你想培养就能培养的。

那天，在兰心大戏院演出的《太白醉写》，在上海观众中，几乎有着轰动的效果，可以说群情激奋、激情澎湃，对俞老的痴迷，对京昆的痴迷，到了一个颠峰状态。多少人在为俞老陶醉！当时有人兴奋到不能自抑，颠来颠去的，拉到人便说：你说说，这个戏看下来，俞老这个婚，应不应该结？！

当然，生活更多的还是平淡。

说出来有点难为情。俞老严重便秘，天天需要用甘油给他灌肠，这些是李蔷华义不容辞要做的事。她认为，你要爱他，就不应嫌脏什么的。她出差的时候，儿子关栋天没有二话，争着做了，儿子觉得这不仅仅是脏，还真是个力气活，妈妈年纪也大了，吃不消的，后来妈妈在家时，他也不让妈干，主动承担。别人会问，毕竟不是自己的亲生儿子，总是不一样。她和儿子都没啥，倒是俞老，还是有点不好意思，关栋天反过来宽慰他：这个没有关系的，既然大家生活在一起，我是从心底里非常尊敬您的，而且您对我也非常关心，做小辈的做这点小事，完全应该。住院了，俞老便秘这点事，还是得要家属做，打甘油，准备好一只高脚盘，病人是高龄老人，行动迟缓，肚子大，笨重，要有帮助，医院护工都要挑三拣四的事，李蔷华都揽到自己手里，不用别人帮忙，全由她做。她熟稔了，说笑着，把看起来不可思议的、繁难的事情，轻轻松松做掉了，知道的人，医院上下都吃惊。

关于笑，十多年了，俞振飞独居，住在一个近乎冰窟的家里，凭什么他可以在这样的环境里笑一把？李蔷华从前是最爱笑的，与关正明在同一个屋檐下，六年不说一句，这种日子，即使有笑，也只能是苦恼人的笑。

这一年，南京的王干妈生病，她是妹妹薇华的干妈，南京没有子弟，说起来还是大名人史良的亲戚，让李蔷华接到上海看病，在家里住，房间就安排在他们夫妻的隔壁。那天两个人看过一场戏回家来，已经很迟了，俞振飞看过戏总喜欢跟李蔷华交流，两个人说了许多，说到高兴处，自然会放声大笑，再洗洗弄弄，加上接到朋友电话，说了一会儿话，上床时间，已过凌晨一点。一清早，一起喝粥，王干妈有话说了：你们两个，还让人睡不睡觉？天都快要亮了，嘻嘻哈哈，说也说不完的，世界上能有那么开心的事，不能过个夜，放到白天再说笑吗？

1990年，李蔷华患胆结石，遵医嘱，住院开刀。入住后两天，正好是假日，医院允许，动手术前回家一趟。李蔷华就回去了，见过俞老，交代了诸如掖好被子、多喝开水之类琐事，一起吃过晚饭，到了离家返院的时间了。李蔷华走到家门口，换鞋。在她系鞋带的时候，已经八十九岁高龄的俞振飞，也弯下身子要取鞋，让李蔷华阻止了：你换什么鞋呀？"我送送，我送送。"俞老的声音，照例是轻轻的，却是容不得妻子拒绝。到了楼下，还一定要送到大门口，还要相随着，看她叫到出租车，人上了车，他还立在原地，看着车子离开，拐弯，从视野里消失。

李蔷华开刀了。他们有约定，女同学陪李老师，男同学陪俞老师，图的是方便。李老师有交代，开刀期间，俞老不要来医院，有男同学陪伴在家。开刀后的第三天，他来了。很不凑巧，也是很少有的事，电梯工休息，电梯不能用，敬请谅解。俞振飞扭头就走，学生以为他要回转去，哪知道俞老在找消防梯，学生连忙扶牢他，一起爬楼梯，先是爬一层歇一歇，后来是爬半层就要歇了，再后来，两级三级台阶就要停下来，停着喘气，还冲学生笑，表示自己很轻松。这样子，一直爬到了四楼，到了四楼，学生要快跑，俞老说：慢。原来他是要平复一下气息，把衣服扯扯端正。站到李蔷华病床前时，着实是让她大大吃一惊的，她马上就联想到电梯的事。俞振飞像个做错了事的孩子，口气里带着无奈：我实在是放心不下。李蔷华笑着说：这下看见了，你好放心了吧？

　　俞振飞笑着说：放心了、放心了。

　　后来他从医院回去，进了房门，都来不及进房间，就躺倒在客厅沙发上，睡着了。他告诉学生说：这两天，我根本就没有好好睡过觉。

　　次年，九十岁高龄的俞振飞，做阑尾切除手术。7月11日开的刀。6月16日因低热入住华东医院，当时白血球高达一万以上。从发病到开刀，李蔷华一颗心，吊了一个多月。

　　开刀那天，上午，李蔷华早上去医院送吃的，帮助通大便。但是大便没能通下来，讲好下午再去通，谁知下午医院通知阑尾切除。消息太突然，李蔷华不知所措。俞老却是满脸轻松跟她说笑：这个开阑尾，恐怕是世界上最小的刀了，就开这么一点点。说着，他还伸出小手指比划，比划为很小很小。

　　俞老住院，李蔷华从淮海西路家里到华东医院，天天两点一线。戏校要给她派车，她坚持不让，说：有个48路，非常方便，这头跳上，那头下来，两头都用不着走几步路，很方便。

　　俞振飞先生术后躺在病床上，什么都要人侍候，李蔷华时刻守护在俞老身边，累得美尼尔氏综合征屡屡发作，但她无怨无悔。大家看到李蔷华刚和俞老结婚时，红光满面，皮肤白皙，但俞老生病那段时间，她突然之间变得苍老衰弱，别人替她担心，但她嘴里总挂着那样一句话：只要俞老好起来，其他都无所谓。

　　有一天，护士长拉李蔷华到一边，向她告了俞老一状：李老师，你让俞老师晚上不要唱了成不成？他把别人唱醒了，影响到大家休息。

　　李蔷华深感奇怪，俞老气管已经切开了，要漏气的，他是怎么唱的？她向病床上的俞老说：你昨天晚上唱戏的，你知道吧？俞老说：我的戏瘾上来了，怎么办呢？李蔷华说：咱们约法三章，你得等我白天来了，唱给我听。俞老说：好的，好的。果然，此后，晚上再也听不到俞老唱戏了。在大家淡忘了，也以为俞老也忘记

俞振飞、李蔷华合演《贩马记》(1991年)

了的时候,有一天,李蔷华去了,他笑嘻嘻地对妻子说:我现在要唱了。没待她反应过来,俞老就迫不及待地拉开嗓子唱上了。医生护士好奇怪,俞老怎么那么听李老师的?

整个病房静悄悄,任俞老尽情地唱。

纵观俞振飞先生一生,他在事业上基本一帆风顺,但在爱情婚姻的航行中却多次触礁,直到与李蔷华老师结合,他才找到一个温暖的港湾。蔷华老师既是他生活上的伴侣,更是艺术上的知音。俞李结合后,数度合演《贩马记》,许多看过他们同演这出戏的人,都能从他们的一招一式、一字一句之间,感受到浓浓的爱意。"但得夕阳无限好,何须惆怅到黄昏",俞振飞晚年开出的这朵爱情之花,为他九十二年的人生画上了完美的句号。

琴瑟和谐

俞振飞与李蔷华,结婚前后的通信,俞称呼李,乃李蔷华原名熊瑞云的末一个字"云",而自称亦一个字——"龙",典出《易经乾》:"云从龙,风从虎。"云随龙,鱼逐水,谁都离不开谁。如果说,俞振飞初婚时,这般称呼,只不过是他的一厢情愿,那么日后的生活,却是自始至终印证了两个人龙云相伴的美满。

那年,俞振飞携夫人李蔷华出行四川。俞老说:这次去,我们得看看干妈去,

1988年，俞振飞、李蔷华合影

跟她老人家唠嗑唠嗑。李蔷华点点头，眼里噙溢的是感激的泪水。李蔷华与重庆干妈的往事，夫妻俩平日聊天，会经常聊到她。老太太这边呢，自己生了病，什么人都不想，就想到找李蔷华，买了船票车票，百里千里地赶上海来了。医院检查后，获知需要住院开刀。当时家里急需花钱，不是很宽裕，李蔷华没有丝毫犹豫，卖掉了自己的钻石手表，为她支付手术费。她们间过往的故事，非亲非故，滴水之恩涌泉报，妻子不时流露的神情，俞老极其欣赏。

人间亲生母女，能做到的，也无非如此。俞振飞把自己的妻子比作方竹，说：你虽然也是竹，但你是方竹，是不同流俗，胸有一成不变之竹。含蓄而寓意精炼。俞振飞不愧大家，算是把妻子的不同凡响看了个透彻。

老票友陈中和先生，是俞振飞的老朋友，纪念俞老舞台生活六十年，他演的《搜孤救孤》。1983年10月，俞振飞、李蔷华在香港参加第八届亚洲艺术节，陈中和跟上海昆剧团也在香港演戏。其间，陈中和给她来电，说到他有一位香港朋友，前些日子因摔跤住院，他去探视时，已沉弥留之际，这位朋友告诉他，说自己认识李蔷华，并郑重其事交代，如果他死了，开追悼会时，你李蔷华能到场送送他。

没待陈中和说出这个人的名字来，李蔷华已经知道他是谁了。她明确告诉陈中和："我不可能去。"

坦坦荡荡地，李蔷华把自己跟这个人认识的过程，三十多年来，这个人如何一厢情愿地，持续追求等等，向陈中和讲了个一清二楚。她说：俞老，香港谁都认识，我李蔷华也不乏人认识，这次的活动，俞老受命担任艺术指导之职，等于代表国家来的，大家都知道，担子重大。你去参加，抛头露面，人家不管你什么关系，参加了，总是事。都是过去的事，没有这个必要。

陈中和听懂了，依李蔷华的为人，参加一个这样的活动，原本也是可以，因为有关俞老声誉，她必须考虑在先。他们通过电话不久，李蔷华与俞振飞于香港新光大戏院合演《贩马记·写状》，媒体有"夫妻演夫妻，演到毫颠"这般好评。陈中和心生佩服，他们伉俪是聚光灯下人物，无事都有可能生非，李蔷华作此决定，无疑以夫君名誉为重，非常明智。

在庆祝俞老舞台生活六十周年的演唱会上，俞振飞与张君秋合演《贩马记·写状》。张君秋饰演的李桂枝唱好"不能当面诉分明"，俞振飞饰演的赵宠接"听妻言罢"，应当"呀"一下，鼓板接"笃笃"两下。但是，俞老把"呀"字忘了，鼓板不敢开点子，伴奏顾兆琪发现问题了，当机立断，吹奏乐音，作了临场弥补。这边李蔷华在后台盯住呢，俞老的"呀"不出来，她的汗却是浑身冒出来了，直到顾兆琪的笛声响起，她一颗心才放下来。演出结束，她找到顾兆琪，当面道谢，连声对他说："我真是担心得汗水嗒嗒滴呢。"

1989年4月，俞振飞由学生蔡正仁、周志刚等陪同，赴苏州，向沈传芷老人学戏，作为随行，李蔷华自告奋勇，承担摄像之职。

根据安排，先请老人观看昆剧指导委员会录制的，他老人家演出的《拾画》、《叫画》和《哭魁》的录像，再请沈老为大家说戏。沈老边说边表演，俞老边看边学习。这边师生学得认真，那边李蔷华辅助工作，一丝不苟，她扛了个录像机，就像是一个年轻后生，转来转去，忙前忙后，认真地将沈传芷老先生的一招一式全部摄录下来，事后检查，还真是摄出来水平，受到众人的夸赞。

80年代末，俞振飞、李蔷华有过赴美国讲学、演出、探亲，历时半年的经历。当时，国内时局动荡，国外见风便是雨，甚至有说又要来"文化大革命"了，一些好心的票友，就劝她留在美国，言之诤诤：回去干吗，再去受罪？

李蔷华回答很肯定。她说：不管别人行不行，我就是不行。别的不说，我有俞老，他不在，我算什么？我心里明镜似的清楚，大家这么尊重俞老，能请到他吃一顿饭，有多大面子似的。失去了祖国这个背景试试，谁会再有这么大兴趣？在上海，俞老生病了，市里领导关心不断，吴邦国、陈至立、龚学平，哪个不关心？在外边有可能吗？另外，不会外语，电话怎么打都是问题。所以说，留在国外是不可能的事。

这就是李蔷华,说清一件事,她不会用大道理,就这么一些实实在在的情况,跟人说,谁都没能说赢她。最后轮到她哥哥。哥哥在人生最困难的时候,受到妹妹的帮助,他永远铭记在心。为妹妹晚年幸福着想,他也是力劝她不回去。他说:无论如何,你听哥一句话,不要回去,我给你买房子,你住下,哥陪你。

李蔷华突然觉得哥哥好可爱,她问:你给我买房子?嫂子知道吗,她能同意?哥哥一张脸涨得通红,说道:你不相信?好,我这里带着五千美金,我现在就陪你去看房子。

陪哥哥看过房子后,第二天,李蔷华和俞振飞就飞回祖国了。哥哥在电话里发急:你怎么连招呼也不打,就回香港了呢,我把房款都凑齐了呢。

不能说李蔷华有什么先见之明,1987年跟哥哥说过的话,1992年,就让她证明了。

1992年,俞老养病于华东医院,原定由他带队,上海昆剧团赴台湾演出,只能由夫人李蔷华代劳了。他老人家曾经说过台湾回归,我会第一个带队去演戏的。赴台演戏,是他的心愿,李蔷华知道这件事在俞老内心的分量。她把手头照顾俞老的工作,拜托给了妹妹,并给护工许多叮嘱,这才去了台湾。

李蔷华与蔡正仁在华东医院探望俞老(1992年)

事情是在抵台之后。后来才知道，时在美国的哥哥，电告在台的嫂子到机场接她，嫂子顶撞了几句，意思是不太愿意去，为此，哥嫂之间还发生了口角。在台湾，有次请吃饭，哥哥特意安排李蔷华端坐正中间，哥、嫂分坐左右，嫂子就是不服气，一会儿靠近，一会儿离远，在座位上搞小动作，让大家不舒服。很明显，哥哥是真心亲妹妹，嫂嫂不。所以说，一辈子崇尚独立自主的李蔷华，怎么会让哥哥买房，甚而到国外过那种衣来伸手、饭来张口的生活呢。"文革"中，也就是因为哥哥在台湾的关系，她被戴上"特嫌"的帽子，遭到大批特批。人在批，她在思，不忘幽上一默：你说"特嫌（咸）"，我还"特甜"呢。

第十章

衍芬轩

> 我的儿子对我说：妈妈，我们要继承的是伯伯的精神，不是伯伯的财产。所以我很欣慰。
>
> 他不仅是我的爱人，更是宝贵艺术财富。他活着的时候，我把照顾好他的身体当成神圣的工作，他离世了，我把维护他的声誉当成义不容辞的责任。
>
> ——李蔷华

孰重孰轻自分明

1993年7月17日凌晨4时50分，京昆艺术泰斗俞振飞溘然长逝。自两年之前，因低热入住上海华东医院，俞老一直养病于该院，时好时坏，起伏揪心，1993年年初起，病势急转直下，已基本陷入昏迷状态，没有过清醒的迹象。

此间，亲朋好友，关心俞老的方方面面，心情都在病人身上，盼望有奇迹出现。间有好事者，脑袋长得不同常人，就放出空气来了，说什么，你看好了，李蔷华呀，她大女儿在香港，二女儿在美国，儿子前两年才去的香港，俞老一走，她怎么会待在上海，待这儿干什么？这个话传到李蔷华耳朵里，心里自然不舒服，真想抢白几句，断不成小人度得了君子腹？可惜，那会儿，她连哼一声的工夫都没有，她得挺起身子，天天赶医院。

俞老逝世的前一天晚上，李蔷华按例在病房陪伴他，很晚回的家。还模模糊糊在睡梦里，感觉才刚离开呢：白色床被，棕色输液管，俞老亲切憔悴的脸庞……华东医院电话就来了，窗户外，天未明，急急起床，匆匆收拾，马上就赶医院去。等她到那儿，市里领导龚学平同志就到那儿了。

领导同志拉着她手，说安慰话。她一面点头，一面就说了下面的一番话，显然是早有准备的心里话：

"俞老虽然走了，我李蔷华是有心理准备的，我是不会离开上海，更不会离开

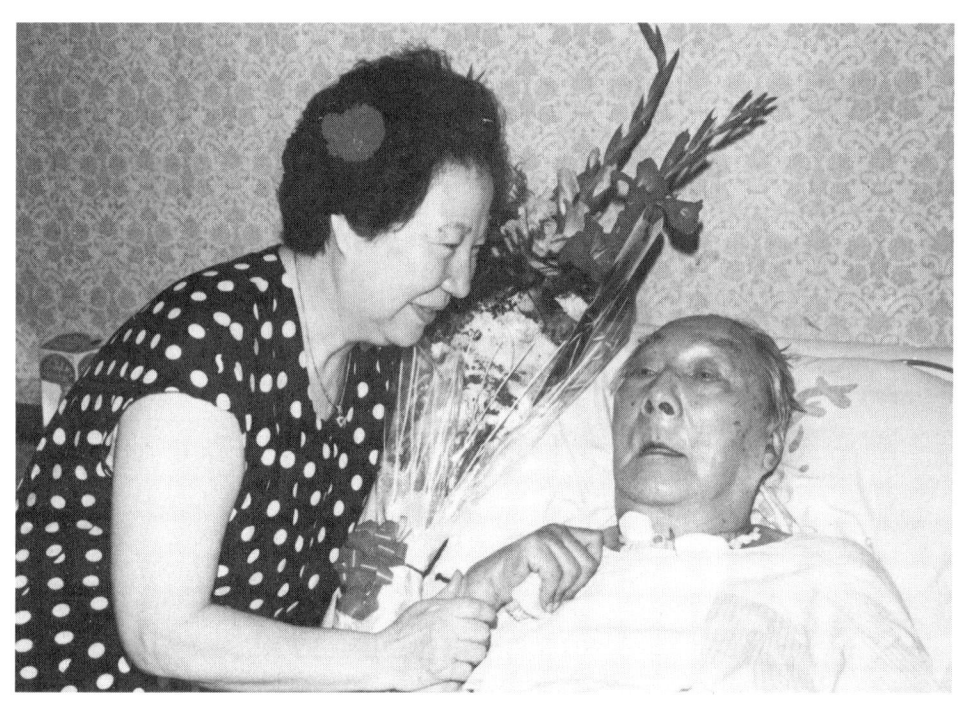

在俞振飞的病榻旁

中国,不会到其他什么地方去定居;家里的东西,当然主要是'文革'以前俞老的东西、被大车拉走的,造反派烧掉的,还有被不知道的人卖掉、偷掉的,所剩无几。我跟俞老结婚时,他穿着都是破旧的,结婚后,书画家们,程十发呀,刘旦宅、陈佩秋呀,都喜欢戏,喜欢与俞老交往,互相走动,送他字画,还有启功先生给他写的字,等等,都是我跟他十三年中积存下来的,这些,我也不准备留,全部交给国家;另外,请领导考虑,条件允许,希望能给俞老建立一个纪念馆,他的思想精神,他的成就,太值得后辈纪念了。"

大事当前,思路清晰,毫不含糊:人不走,物归公,纪念馆,归纳起来就是这三条。这第一条,后来证实,她不仅没有走,稳稳地定居在上海,而且不久,儿子关栋天携儿媳妇周玫于1994年回来了,儿子两口子陪伴老母亲,安安心心在上海定居了。

俞老逝世后第一年,举行纪念活动时,李蔷华就四处张罗,把俞老的戏服字画等,呼朋唤友,给送到了戏校。学校在宜山路校区的楼房里,拿出六楼一个楼面,专门辟为"纪念馆",搞了书画展和戏服展。报道李蔷华捐赠俞振飞戏服,网上有一张她的照片,神采飞扬,样子非常阳光,谁读了,都备感欣慰。

好事多磨。不久,她再去学校,发现这个房子有渗漏,许多珍贵服装被污水浸染，出现了污渍，有一件"黄披"，俞老生前亲口跟她介绍过，上面的图案，是香港画港币的画家画的，特别珍贵，却已经水痕斑驳了，这个情况，令她心疼难安。

了解到文物件的存放必须要有专门的先进设备，方能保证安全。后来通过多方努力，李蔷华的200多件捐赠品，都给送进了上海图书馆。知道东西都进了专门机构，有了比较妥帖的安顿，她这才稍稍放宽心。

至于家里原有的财物，李蔷华仔细清理，一一都作了妥善的处置，想定要捐出去的，再珍贵也不会犹豫，身边只留了一份长长的捐赠物品清单。人非草木，有些东西留有感情记忆，浸润着情愫，儿子关栋天，默默地陪伴旁边，轻声细气地对李蔷华说：妈妈，我们要继承的是伯伯的精神，不是伯伯的财产。做妈妈的，手心拍拍儿子的手背，不说话。母心唯独儿知晓。有儿子轻轻一句话，她做母亲的感觉特别欣慰，特别温暖。

至于希望给俞老建纪念馆，虽然愿望十分迫切，李蔷华还是很通情达理的。这些年，她心里想的是，国家正在建设中，到处都在大用钱，不可能马上能建得起来，所以在得悉江苏省昆山市为昆剧建有专门纪念馆，就赶紧联系捐赠。昆山市文物管理委员会收到后，1995年7月20日，给她发了信函：您于今年5月28日捐赠的有关俞振飞先生的珍贵资料共壹拾叁件，已被我市昆曲博物馆珍藏。对于您为弘扬昆曲艺术所给予的关心和支持，表示崇高的敬意。

实践诺言，处理俞老遗物，该捐的捐，该送的送，李蔷华跟儿子关栋天住到一起，重新布置了自己的起居室。墙面上挂的，是她与家人的生活照，有丁存坤在，也有关正明在，留存历史的本来面目，她的心里坦荡自如，最要紧，当是她和俞振飞先生的大幅合照。余下的篇幅，得留给生动记录自己舞台形象的剧照，琳琅满目，形象传神，这是表演艺术家和普通人、和别的门类艺术工作者的鲜明区别，他们是以自己创造的艺术形象作为艺术载体，服务于社会，贡献于人类艺术的，倾心倾力、竭尽心血凝结成的艺术形象，宝贵如同生命。

那是《春闺梦》，那是《二堂舍子》，那是自己的王宝钏，那是自己四十岁时的薛湘灵。把它们放大了，挂到墙上，放到桌上，委屈一点的让它们暂时地倚着墙跟，靠着桌腿，站在了地板上。放宽心，虽然都是玻璃易碎品，屋里没有猫没有狗，她自己会小心走动，阿姨已有关照，儿子媳妇知轻重，当然会让妈妈放心，安全没有问题。好啊，抬头，俯身，无论从哪个角度，都能够与宝贵的照片相对。有这么满屋子的剧照陪伴，个人演艺史的记忆，可以时时沉浸，能够时不时地与一个人的艺术史对话，李蔷华心定神闲，颇为满足。

最后，她看定一块匾额，上面字迹，是俞振飞的老朋友陈从周先生作品，陈先生名俞老书斋曰"衍芬轩"，并书为横额，由周有家刻制成匾。本色板材，镌刻的

李蔷华在上海演出《锁麟囊》（2008年）

字迹石绿填色，古意盈然。儿子听从妈妈的嘱咐，把这块匾额，悬挂到了老人家睡房的门楣之上，端端正正地，清清楚楚地，天天进出，天天看得到。

衍芬，蔷薇浅艳自芬芳，其意自明。

八十三岁演《春闺梦》

2004年，李蔷华在纪念程砚秋先生诞辰一百周年时，演出了久未见于舞台的《亡蜀鉴》，唱腔、身段、水袖皆不显老态，令人叫绝。但是，自从1997年在香港新光剧院登场之后，她便不再演出整台大戏。其间，常有剧团邀她登台，她总是婉言谢绝："《凤还巢》里，雪娥貌美，以青衣演员扮演；雪雁貌丑，就以彩旦出演。我现在是活脱脱的程雪雁。"李蔷华以雪雁自嘲，谢绝演戏。

不知不觉，李蔷华八十三岁，跨入耄耋老人的行列。俞振飞1980年与她成婚时虚八十、实七十九，他说这个事要是成了，委屈你了。先生在为年龄差，自惭形秽。如今，那个当年新婚燕尔五十出头的李蔷华也过八十了。

八十三岁的李蔷华有做不完的事情。在继父熏陶下，自幼养成看书读报的习惯，一天不读不看，心里空落落地不安。现在爱看电视，美式橄榄球、NBA篮球比赛，李蔷华都喜欢，可跟疯狂的年轻人媲美，吃着零食，连续数夜看世界杯，场场

李蔷华在北京参加重阳节演示清唱（2008年）

直至凌晨。至于世界网坛，不仅仅对李娜了如指掌，对男子名将，她喜欢老辣的费德勒，而不敢恭维纳达尔，她的分析，可以参与"90后"辈球迷的讨论。受学生和朋友之邀，她也偶入"四方城"，嘻嘻哈哈玩一把，几乎场场输，学生和朋友就会笑着大声喊她"连老输"（李老师）。

耄耋老人李蔷华想的更多的是，她是俞振飞的妻子，是京腔程派的私淑弟子。她的眼睛从未离开过舞台，即使已经八十三岁过半，这个令人生畏的年龄。

为了纪念京昆大师俞振飞诞辰一〇九周年，2011年7月16日，李蔷华再度对镜理妆，与俞门大弟子蔡正仁携手演出京剧《春闺梦》。上一回，李蔷华与蔡正仁一起演出《春闺梦》，都已经是二十年前的事了，那是在纪念俞振飞舞台生涯七十周年的活动中。二十年后，李蔷华已然八十三岁，她自己都疑惑：这长达一小时的《春闺梦》，唱腔、身段繁难，自己能扛得下来吗？

李泽珊是李蔷华的学生。排练期间，也是她的"车夫、拎包兼警卫"。她说，每次排练，李老师都是跟从前一样，一丝不苟，水袖、身段都做到位，该跑圆场的地方，她照跑，一次一次又一次，大圆场套小圆场，一趟都没有落下。她的搭档蔡正仁老师，终于累得汗水淋漓，停下来直喘粗气，喊她：师娘呀，对不起啦，我实在跑不动啦,我不陪你跑了。蔡老师也是七十多岁的老演员了,他说跑不动,也情有可原。不过由此对比,你说李老师脚底下的功夫有多硬?每次排练下来,李蔷华都是一身大汗、浑身湿透。

　　正式演出的那天晚上,9点刚过,李蔷华扮演的张氏登场了。李蔷华背身从侧幕条上快步走出,两三步后立即转身亮相,底下立即响起掌声,人们惊叹:李蔷华精气神犹在。十多年未登台演大戏的李蔷华,开始还是有些许紧张。好在,李蔷华功底扎实,虽紧张,倒不曾洒汤漏水。这场《春闺梦》,李蔷华的张氏,其声高,如霜天鹤唳;其声幽,如空谷泉鸣,高低徐疾,操控自如;尖团四声,拿捏得当。戏迷们都熟悉,在程门弟子中,李蔷华是地道的"保守派",唱、念、做悉遵程师,不逾雷池一步。学程七十余年,李蔷华说:"我从不敢乱改程砚秋的艺术,哪怕一点一滴,我没有那个能力和水平。"因此,李蔷华演出《春闺梦》,处处见方圆,规矩而严谨。

　　京剧《春闺梦》源自唐代诗人杜甫的《新婚别》以及陈陶诗句"可怜无定河边骨,犹是春闺梦里人"的意境。当年,在《春闺梦》里,程砚秋饰演张氏,俞振飞饰演王恢,两位艺术大师旗鼓相当,珠联璧合。如今,由李蔷华、蔡正仁演来,仍可见程、俞遗风。尤为难得的是,八十三岁的李蔷华在规矩与严谨间,演出了张氏

李蔷华与蔡正仁演《春闺梦》(2011年)

李蔷华《春闺梦》剧照（2011年）

的娇俏女儿态。"春闺梦"里，张氏梦见丈夫王恢回来，久别胜新婚的王恢，急欲"重寻鸳枕"，张氏却娇羞满面，欲先谈心。推托间，蔡正仁以右手搭李蔷华左肩，这时，李蔷华将左肩一斜，身子往一边轻收，娇羞之态顿显，全场立即给了一个满堂彩。戏的末尾，李蔷华跑了一大圈的圆场，末了，气定神闲，唱完成套的二黄唱腔。

这天的演出，盛况空前，座无虚席，每条过道里都坐满了人，最后面，紧挨墙壁的地方，更是站满了热情的观众。

台上的气定神闲，那是真功夫。然而，一到后台，李蔷华即呕吐了，连胆里的黄水都吐了出来，她累得趴在桌上，久久缓不过气来。整整四十分钟后，她才抬起头，对众人说："我活过来了。"说这话时，微笑挂在嘴边，她庆幸，自己终于以一出她和俞振飞曾经合作过的《春闺梦》，完成了对俞老最好的纪念。一旁的学生李泽珊心痛极了，在她耳边轻声责怪道：你可知道自己，是八十呢，还是十八？

真是有得也有失，毕竟这么大年纪，这么大的体力付出，过分的劳累，伤了李蔷华的一条腿，现在走路，再也没有以前利索了。朋友和学生，见她一拐一拐走路，很吃力，就会提到这次舍命般的演出，就会流露责怪的意思，她会说：值。

自有京剧史以来，没有一个女演员年龄到了八十三岁，还能演全本《春闺梦》这样的大戏。

名分只是私淑女弟子，却是咬定青山，不离不弃，倾终生之力，将程门艺术做成了一面绚烂的高原，如今，莽原之巅，豁然这一座山峰，恐怕是李蔷华晚年最值得自豪的荣光。

第十一章

秋声赋

我现在八十六岁了，嗓音上没什么变样，还能唱。

做这些事，我愿意，我高兴，倒不是什么发挥青春。他们爱京剧，推动着我们京剧事业的发展，多好的事儿呀。再说，跟他们一块儿活动，我精神上也有寄托，年纪大了，光闷在家里，要变老年痴呆症的。

——李蔷华

一件戏服

纪念程砚秋先生诞辰一百周年，北京搞音配像，张君秋先生负责这项工作，请李蔷华出山，要求她配一部《春闺梦》，一部《碧玉簪》。《春》戏，之于李蔷华，熟稔之极，自然是手到擒来，配像现场，看得君秋先生激动不已，才配毕，他就奔到后台，为她人物刻画精准、细节拿捏到位而大呼过瘾。

《碧》，说到熟悉，也是演几十年的老戏了，没有半点问题，关键是扮相。《碧》里的人物，少年，结婚，跟男主角的对手戏时间跨度大，年龄有要求，对于当时已经年过六旬的她，有难度。她明确表示自己年纪大了，扮出来不太好，会影响效果。她推荐了自己的学生杨爱华，君秋先生不认可，当场给否定了。隔了一天，李蔷华又想到了一个人，张火丁，她看过她的演出，比较守规矩，特别是扮相，觉得行，并表示，由她负责给火丁说戏，下保证能演好。这才勉强得到了同意。

张火丁是程派名家赵荣琛的关门弟子，李蔷华对她很看好，认为她是年轻一辈中，演程派戏的佼佼者。张火丁音配像之前，李蔷华没有食言，真的给予了热情指点，这个那个的，恨不能把自己几十年演《碧玉簪》的心得，都能给到这位优秀晚辈身上。

张火丁自然感动。她知道，李老师她，一个老戏班过来的人，能不清楚那些规

李蔷华在《陈蓉博客》中接受访谈（2010年7月）

矩吗，我教你，你红了，抢我饭碗。譬如，天蟾舞台，我本来能客满，你成功了，你在另外戏院演，观众分流了，不是抢饭碗，是什么？那时科技不发达，戏班子保守，本子都不让外流，还有专门管本子的。

另外，因为不是特别熟悉，有人还说了火丁一些话，这个那个的。李蔷华一概不听。活这么大岁数，她相信自己的眼睛。那些日子，老师给说戏，讲什么时间，火丁总准时，从不迟到。她向老师提出，除了《碧玉簪》，教戏间隙，能否再给她说说《春闺梦》。她回答道：好呀，你爱学习，我当然愿意教。那天教过之后，火丁又向她提要求：老师，明天，您能不能再教教我，我想让我哥哥来，他会摄像，我想让他把您教的，摄录下来。李蔷华笑道：好呀，咱们明天重新来一遍。

李蔷华有一件珍贵的戏服，全部图案，争艳斗彩，一朵朵大盘花，用的线都是纯金质地，而且图像布局，是高手裁缝按程先生的做的，一模一样，可以说是李蔷华所有戏服中最宝贵的一件。一日，京沪名伶聚会，张火丁与李蔷华坐一起，张问：李老师呀，你那件宝贝衣服，什么时候能借我穿一次呀？李蔷华一愣，转而大笑：借什么呀，你喜欢，就拿去，送给你。

这轻巧一句话，不要说张火丁受宠若惊，满桌的人都觉得你李老前辈，出手也真太大方了。这件戏服的身世，许多人知道。上海有一家叫"唐阿福"（音）的戏服店，程砚秋先生的戏服，定点在这家店里制作。当年李蔷华上门去做这件衣服时，店老板心里是有数的，殷勤接待，自不必说，狠狠斩了李蔷华一刀，也在情理之中。

据称这件戏服，价值超过十万元之巨。十万元的东西，她说送，就送出去了。许多人想不通，连呼可惜。李蔷华摇头苦笑，她也说想不通，心里说：这件戏服，自己用不上了，眼下，还有谁穿它，能比火丁更合适？这么好的戏服，与其成年累月撂我柜子里暴殄天物，跟穿在火丁身上，哪个更有意义？不言自明么。

珍贵的东西接过手里，张火丁有一个细小动作，让老师捕捉到了：眼睛向几颗花扣子多望了一望。因为这件衣服经常穿，用得比较频繁，这些布质扣子的表面有点毛。李蔷华把赠出去的戏服，重新抱回怀里，指着花扣子，一字一句地说：你不要小看这个，它可是原样的。你千万不要把它换调了。张火丁也激动了，原本是坐椅子上的，呼地，一下子站了起来，脸红红地说：老师您放心，我会永远珍惜它。

寄希望于青年人

这一天，李蔷华见着梁健，把他拉到一边，悄悄说话："孩子不错，扮相，音色，还特别谦虚。"

梁健说："是的，我也这么觉得。"

李蔷华说："看过他戏，很有潜质的一个。"

梁健，戏校老师，演出时司月琴，与李蔷华三十多年同事。他们说的是共同的一位学生，梁接触多一些，新近邀李一起，看过这个学生的戏。梁健如实相告："可惜，我知道这孩子家境贫寒。"

他说这个，事出有因。

李蔷华调沪编制入戏校后，除了精心服侍俞老、受邀参加演出外，是认真带教过几批学生的。有过很好的苗子，她非常欣赏，以她一贯认真的态度，投入很大精力，却始终没有好的结果。不是看中了，没能进来，失掉机会，就是进来了，学了几年，很好的潜质也发挥出来了，却因为种种原因，其中就包括"家境贫寒"，干别的什么去了。她有一位女学生，学习勤奋，很有天赋，就因为经济原因，半途而废，实在是太可惜。但是光可惜又有什么用呢，人各有志，不能强勉。搞专业培养，李蔷华很惶惑。惶惑归惶惑，带专业学生她从未间断。

"梁健，你替我每月给他点钱，生活所需，不要告诉他谁给的。"李蔷华这么跟梁健说过后，每个月就交钱给他，先是200元，后来是500元。每月500，梁健一直做这个快递员，做到孩子戏校毕业，成为剧团的正式演员。

李蔷华与天津京剧院吕洋（2013年）

李蔷华乐善好施，梁健是领教的。有位拉二胡的，拉得非常好，是票友，也是梁健自幼的好朋友，年纪比梁健小，肺不好，生活几无自理能力。每年过年，李蔷华都会问梁健："去看他吗？"看到梁健点头，李蔷华就掏腰包："替我带点钱给他。不多噢，一点心意。"接过手里是500元。梁健就在心里盘算：有十个李蔷华，就有了5000元，可帮助二胡朋友解决大问题的。

李蔷华的嘱咐，梁健承诺，他不讲是谁送的。学生问，一直问，梁健急了，就说是个香港人让他转交的。正好关栋天是香港的，她大女儿兰兰也是，较起真来，对得上号，老师也没向学生说谎。梁健编道：这个香港人知道你很刻苦，希望你继续努力，能够顺利完成学业。这个说法没什么破绽，梁健就让学生写个收条——"我收到梁老师转交的500元"，落款具名。李蔷华拿到这个纸条，直埋怨老同事："梁健呀，我还不信任你吗！"

孩子现在已经毕业了，京剧本行，老生，很好，这个资助的事，到现在学生本人都不知道。也许就永远不知道了。

李蔷华要的结果，与她本人无关，与振兴京剧有关。

2011年初和5月份，梅派青年名家版《薛湘灵》，在上海逸夫舞台和北京梅兰芳大剧院的演出，获得满堂喝彩，同时，也遇到了不少质疑。北京一位著名的程派表演艺术家就曾对媒体坦言："《锁麟囊》可以不按流派唱着玩，但是要说她唱的就是程派，那是不可能的，一个月的时间就学到程派之大成，简直是天方夜谭。"

在该剧当年11月将再度亮相上海大剧院之前，面对争议，李蔷华提出自己截然不同的观点:"青年演员有这样的热情,应该鼓励,声腔上,不可能在短期内完全掌握,但她在台上并没有'出圈',表现得很好。"

当时,李蔷华也是从报纸上得知这位青年演员要出演程派经典剧目《锁麟囊》,并到现场观看:"没想到她在逸夫舞台的首场演出就高朋满座,出乎了我的预想,我回到家,就对我儿子说,她演得不错。"作为第二代"程派"私淑弟子中的佼佼者,李蔷华对《锁麟囊》再熟悉不过:"看得出她是在认真学,认真演。我佩服她。"

对于演员跨流派这种方式,李蔷华表示并不奇怪:"这事儿在过去就很常见。以前每个演员每年要演出二百多场戏,如果只盯住一个流派的戏是不可能完成的。张君秋先后师从过王瑶卿、梅兰芳、尚小云、程砚秋,几大流派的东西他都学过。凭借他的天赋、自身的努力和创造力,最终形成了自己的风格。"因此,在李蔷华看来,"跨派"不仅正常而且值得鼓励,"只要不胡来,不'出圈',观众又喜欢,我们应该多给予鼓励和帮助。"至于这位青年演员的表演,李蔷华也坦言,她不可能通过《锁麟囊》一出戏就能完全转变到程派所要求的声腔方式上来,只有日后通过不断地学习程派其他的戏,才能丰富自己,"如果时间允许,这次大剧院版我还会去看"。

其实,这位演员为了能演好这部程派名剧,不仅投师程派李文敏学习一个月,还曾向程派名家张火丁取经,尤其之前受北京京剧院院长李恩杰邀请,为程派名旦迟小秋救场,在北大演出整本《锁麟囊》之后,更令她信心大增,"去之前说实话挺忐忑的,在微博上发了这条消息,结果也就一分钟吧,八十多条进来,质疑的不少。结果演完之后,现场观众的热情就让我很受感动,说心里话,如果能在生命里留下一部像《锁麟囊》这样的好戏,此生就功德圆满了"。

一辈子钟情程派的李蔷华,力挺梅派青衣"跳槽"唱程腔,其艺术开放的内涵,远远超越了事件本身。

爱屋及乌

《新民晚报》记者翁思再先生,是李蔷华和俞振飞的老朋友。俞老走后,有一天,他上门看望李老师,陪她说戏聊天,说到有一个票房,开在一个饭店里的,环境不错,那个老板娘,十足的京剧迷,那地方在虹桥路,正对交大后门,离开淮海西路的家里,几分钟就能走到,来去很方便的。翁先生力劝她去看看,跟大伙唱唱戏,玩玩。

隔天,翁思再作陪,到了这个叫"青之杰"的地方,现场看了,果然装饰一新,很讲究,有六七排座位,音响,器乐,标准的一个小剧场,关键是,票友们对京剧的热爱,远远超出了她的想象,让她备受感动。

于是,事情就这么定下了,逢周末过来,以戏会友,与票友们唱戏谈艺,轻松快意,

李蔷华与京剧票友在一起（2010年）

翁思再以为达到了预想目的。李蔷华工作的脾气，拼命三郎一般。那一年，上海白玉兰艺术评审委员会邀她出任评委，她在一年之内，竟然连看了160场戏还不止。翁先生出此主意，根本上是想让李老师别再累着。

如此，李蔷华做了"青之杰"的常客，加上俞老在时就有来往的"春秋社"票房，她每周都会去这两处走动，结交了许多喜爱唱戏的朋友，邢轩便是其中的一位。

邢轩与她先生，1991年从北京来上海打拼，没想到过长住上海。随着人到中年的丈夫2005年生病亡故，她的生活沉入了人生的低谷。她妹妹心里着急，姐姐这个样子可不好，得帮助她走出忧郁。

妹妹在上海译制片厂工作，通过她朋友朱丹的介绍，邢轩到了"青之杰"，自然而然认识了李蔷华李老师。她以前是全总文工团的，会歌，从没唱过京剧，更不了解程派，一切当从头开始。李蔷华是老一辈京剧表演艺术家，教、学双方的差距摆在那儿。老师说：慢慢学，我跟你一样，都是戏迷么。尽量打消学生的顾忌，滋养教学，有个平等的生态环境。

有段时间，李蔷华一天里头跑两地，"青之杰"完了，去"春秋社"。到"青"，有时就为了听邢轩唱，邢轩唱差不多了，她走人。邢轩有车，怎么也要送送老师。老师说：送什么呀，送来送去，有这点时间，好好唱戏。我有卡呢。她掏出交通卡扬一扬，不无得意地说：我儿子给里头打好多钱，公交出租都成。

拗不过老师，每次只能眼睁睁看她上公交离去。这一天，为着教戏，时间有点耽误，李蔷华扬招打的，不料路面交通出了情况，一辆出租车撞到了她，瞬时她已倒在了街沿边。惊出一头汗的司机，停了车，意欲赶过去扶她，她一只胳膊撑着腿，站立了起来。司机说：老太太，我送你去医院？李蔷华动了动身子，除了腰有点痛，别的感觉不大，就跟人家挥挥手：你走吧，不耽误你生意。出租司机于心不忍，还说要送医院，再不行，你去哪儿，我送你。李蔷华手扶行道树，说：你走吧，让我歇一歇。事后，她得意地告诉别人：这就是唱戏的好处，身体练过功的，车子过来，反应够快，一个地滚翻，过去了。

邢轩听到，没多说话，一门心思学戏。她回家，从不敢懈怠，抓紧练习，到底有音乐基础在，进步很快，老师就教她唱《锁麟囊·春秋亭》一折，薛湘灵的一段"西皮二六"，让她回去多多练习。

习惯了李老师脾气，嘴上没有批评，实际有要求的，邢轩就很自觉，"春秋亭外风雨暴，何处悲声破寂寥。隔帘只见一花轿，想必是新婚渡鹊桥"。晨钟暮鼓，反反复复唱。家里母女俩，时而有钟点工阿姨，她们是当然的陪练。听得多了，那几句，俩陪练也耳熟能详。往往是邢轩才"破寂寥"，女儿就在心里嘀咕，接下来，阿姨的"隔帘"该开唱，果然，阿姨有板有眼地接上了"隔帘"一句，伴奏是女儿的一阵猛笑。

女儿高中毕业报考音乐学院，找老师补习，声乐一节课，800元，45分钟，多一分钟都不行。声乐老师介绍一钢琴伴奏，45分钟，400元。再请形体，整个半年就一个非常简单的舞蹈。还有乐理，都是这个价码。那些日子，每天出门，都得准备2000来块钱，虽然肉痛钞票，你还是得去，因为考试，可能他们就是监考的。同在当下，有这么个参照，邢轩对从不收一分钱的李老师，感触尤深。女儿公开称，我的偶像是迈克尔·杰克逊，妈妈的偶像是李蔷华，还加一句"必须的"。女儿被北京电影学院录取那年春节，母女俩去看她，李老师塞给女儿一个5000元的红包。邢轩说什么也要退给她，李蔷华笑道：怎么着，奶奶给孩子一点零花钱，还非得做妈妈的同意不可？

那一刻，邢轩特别想叫老师一声妈妈。她由衷感谢上苍，能让她遇上这么好的老师，她比妈妈还要亲。

上海宝山钢铁集团高级工程师李泽珊，差不多是跟邢轩同期，拜到李蔷华门下的。李工从小受父母熏陶，喜欢梅派。她1965年大学毕业，学的是电气自动化专业，一直在大山里研究新型钢材。宝钢筹建，"新日铁"总包，1978年她奉召调沪，是审阅图纸的专家之一。当时，宝钢高层，黎明书记、王佩洲厂长，皆戏迷，惜无闲，只能苦捱。李泽珊2005年退休，当年便让表兄、旅游局长王乃粒，介绍认识时在"春秋社"唱戏的安全局汪局长,方与李蔷华相识。

李泽珊基础不薄,能区分派别,更深知年岁上去,学唱程派委婉的声腔,特别能表达心情之妙。故而,甫入,便与老师十分投缘。有了时间,有了好老师,李泽珊迎来学戏的春天。

她雷打不动,每周去李家学戏。老师教戏,一字一句听你的,她听,认真到你不敢有半点马虎。哪个字不对,她会嘴里发出"嗒嗒",让你停下来,纠正你,这个字不应该这样,应该那样,纠正发音,这个靠前了,要靠后些,重来,一丝不苟。一番教导,情真意切,你会觉得,要是不认真学,就会很对不起她。

李泽珊会开车。老师出门,她自驾伴随。那次陪她去南京参加江苏省京剧院的一次大型的庆祝活动,看到那里的名家对她的尊重,看到特别多的戏迷争着要跟她照相,真心追捧,热烈的程度令人动容,那么德高望重,感情那么好。联想平时生活里的老师,老是主动给别人端茶倒水,那般淡定、谦和,心里就有了错觉,她们可是同一个人?

她们师生,一个六十多,一个八十多,生活规律接近,晚上都睡得迟,两个就煲上电话粥,一聊就是一两小时。学生不满意老师推辞音配像拍戏的事儿,她说:看过你配的《青霜剑》了,开场唱的四句,袖子这么一拉,一坐下,就非常有看头,多配几部多好。老是说机会给年轻人,不去拍,太谦虚了。那一回,重阳节,老师去北京演出《春闺梦》,没待她回来,学生就长途电话发牢骚,我说不好看呐,下回可不能穿这个了。这些话,没大没小的,让旁人听着,哪像是师生在说话。

认识李蔷华之前,李泽珊算是见过世面的。舒昌玉是梅兰芳梅先生入室弟子,男旦,声音甜润,李炳淑老师推荐,她去跟他学,行过弟子之礼。后因受过伤的腰不好,没能坚持下来。李蔷华向人介绍李泽珊,就提他们师生事,说有舒先生点拨过,发音完全不需要重新弄过的。还拿程砚秋先生作比方,说程先生原来就是梅先生的弟子。让人感到在李蔷华老师这里,没有所谓门户之见,有派之别,无戏之分。李泽珊还亲历过李蔷华老师跟梅葆玖先生在一起时,亲如家人的场面。

李泽珊跟老师这样情同姐妹的教与学的快乐生活,直至2013年自己老爱人患重病需要服侍,加上自己压缩性骨折引起的腰椎盘突出严重复发,才不得不中断。中断的,只是指每周见面的机会,夜间热线,依旧照常。

何思颖和倪玲,都是"人大票房"的票友。虽说倪玲承认何思颖比她唱得用功唱得好,但是,拜李蔷华为师,倪玲较何思颖先入"山门",何只能屈驾,尊称倪一声"师姐"。

因为丈夫的关系,倪玲结识前公安局长朱达人,就有了见李蔷华的机会。听说自己的夫人要学唱京剧,请的还是李蔷华老师,丈夫批评说:杀鸡用牛刀,你这是在严重浪费优质资源。之前的倪玲,讲笑话,"苏二"都不知,咋唱"苏三"？听说朱达人要把老师引家里来,何玲真慌了,打电话给小姐妹,真的现教起"苏三"一段来了。见老师面时,到底"苏三"不成,就鼓励她来两句她们这一辈差不多都会的样板戏,她便"阿庆嫂"了一下。老师说,嗓子不高的,可以的。看她有学的愿望,她就认真,当场就提出来,要注意口型,唱戏上身不能动,算是收下了她。

当晚,倪玲跟丈夫说:莫非老师跟自己一样,就为开心、好白想？没有当什么真？不然我这么个基础,怎么做她学生呢？这个问题,丈夫一时也回答不了。

进票房跟老师,还能有跟去电视台彩唱这等好事,也真是开心。后来有了登台演出,倪玲出洋相了,不知不觉,把过门都唱了进去,显然不是水平而是态度问题,太不认真么。吃到老师批评了,那几句话,搁别人口里,不能算分量,让老师说出来,害倪玲一夜睡不着。临天亮,她连"学戏得有艺术追求"这般大题目都想到了。

2011年,老师白内障开刀,尽管医生护士在,不放心老师高血压,倪玲要求陪夜,第一夜有纱布蒙住,除了陪起夜,别的没什么动静。第二夜去掉纱布,倪玲半夜醒来,发现老师床头灯亮着,她以为护士忘了关,便轻起,手指正摁住开关呢,老师出声了:不要关。原来她没睡,她眯起眼睛,在看戏本呢。没过几个月,倪玲偶尔打开电视,连调了几个台,调到一个台,赶巧了,在播李老师上课,谈《武家坡》。开刀夜里病床上看的,正是跟这出戏有关的书。

2012年春节,票房迎春联欢要演节目。老师腿脚不好,一个电话,把自己最好的学生朱丽丽从武汉搬了来,让她吃住在自己家里。这个朱丽丽跟老师太像,功底非常扎实,为人特别朴实。人家在那边,也早就桃李满天下,忙得不得了,老师让她在这里,为一帮票友排节目,她也真是认真得叫人受不了。

正式演出那天,都按时到场了,唯有一组人员不齐,在等配对。观众已经入场,演出时间即将要到,舞台调度发急了,走来走去找人商量,想对节目程序作调整。毕恭毕敬站立一旁的老师,就主动提出,把她的《被纠缠》往前排,调度当然不愿意,调谁也不能调你李老师的压台戏呀。李老师自己可不这么看。演出结束,照例要合影留念,老师会坐到边边儿去,组织者当然要请她中间入座,她会再三推辞:一样一样,坐下了就不要动。每逢这时候,倪玲就会特别感动,她早已经弄不清楚,这么些年,自己究竟是在跟老师学戏,还是在学做人？

何思颖年轻,嗓音和身材条件都不错,可惜进票房晚了点,2010年才结识老师。李蔷华就鼓励她:多唱唱,全有了。尽管时间不长,小何的感触一点不比师兄师姐们少。

有一次到老师家里试装,准备彩装演出。小何穿了一件新做的旗袍,淡金黄的颜色,老师见了,惊艳一般,连称漂亮。小何说不出有多开心。老师继续评点,指出得有块披肩才好。小何也想到过的,只是家里没有合适的,临时去买,又没有工夫。一转身,老师不见了,一会儿,她从房里拿出一块来,亲手披上小何肩头,走远了看看,摇摇头,又回去房间,这样进进出出有了三四趟,终于选定了一款,大家都觉得不错,她也认为好了,方才罢休。

小何开心。才一会儿,老师又有疑点提出来:你们不觉得这根项链有问题吗?这回,大家都发言了,归纳起来就是说:谁都能看出来的,配小何这件旗袍,挂件是显小了,颜色也不对。总不能因为这些,项链也换一根?老师不说话,再次起身回房间去。一会儿,她出来了,捧握的双手展了开来,让大家看她的掌心:看看,这根怎么样呀?在场的人都瞪大眼睛,一齐惊呼起来。

的确很配。小何坐到镜子前,戴上项链。后来大家说了什么,老师说了什么,小何全然没有记住。第二天,老师还说真的很配你的,送给你了,不许推辞噢。小何也是有准备的,老师会说这话,这么贵重的东西,她是无论如何不收。几天后,只有她们师生俩时,小何问老师:老师你能不能告诉我,是不是我穿戴得好看,我唱得好听,就跟你自己穿得漂亮、唱得好是一回事,一样会让你开心快乐?

李蔷华说:说真心话,过去,我靠唱戏吃饭,喜欢唱戏,天经地义。现在呢,退休了,依然喜欢,还越来越喜欢,我明白,我不是什么表演艺术家,我就是一个老戏迷。你们都有自己的本职工作,又不是靠唱戏吃饭的,能那么喜欢京剧,爱唱程派戏,你们是真心热爱戏曲艺术的,从你们身上,让我看到京剧艺术的希望和未来,我是很欣慰的。

小何听得一个劲点头。

老戏迷

上海京剧团的琴师石伟晨,"文革"末尾跟李玉茹拉琴,李蔷华调来上海,李玉茹把他介绍给了李蔷华,他给李蔷华拉琴,一直拉到现在。

1985年,李蔷华去北京,参加程砚秋诞辰八十周年纪念活动,活动安排来自全国各地的五个旦角,演唱程派戏重篇《锁麟囊》。问题来了,五个旦角,谁上第一个?剧情安排就是这样的,第一场出来,比较温的,明显不太出彩,第二场"春秋亭"开始,一步紧过一步,一直到最后高潮戏。

百里挑一,选到京城来的,都是角儿。那是指演技好坏。做人高下,还得另看。这一次演出,选唱段,成了试金石。这么多有头有脸的角儿,硬是没有人肯演第一场。

李蔷华告诉组织者,让她出演第一场。事后,面对别人的赞扬,她把个道理说得很分明:这次演出,不是个人,无论演头场、唱大轴,为的都是程派艺术,有什么好争的？所以，从离沪赴京，她就有这个清楚认识，上面叫不要带琴师，就不带琴师，知道别人带，她也不带。

这事儿让石伟晨琢磨了许久。旧社会，前头唱的叫开锣戏，越后，是压得住阵的大戏。压轴，是指倒数第二，最厉害是最后的大轴戏。现在是两个多钟头戏，从前有唱一夜的，六点多开唱，第一出，哪怕7点，观众很少，几乎没有的，等于白唱，越到后面，半夜，凌晨，达官贵人王孙公子，都是算好时间，踩着点来看戏的。这些个，说了解，李蔷华老师恐怕比谁都清楚，她还那样做，足见她的气度该有多宽。

有一次，石伟晨赴北京拜见马连良的琴师，去他家里，跟他聊天，聊到最后，老人家大声喊他儿子拿琴来，兴味极浓地拉了一段，过后，让儿子送客，说自己累了，要休息了。儿子遵命送石伟晨到门口，好奇地问道：石老师你真神，面子也太大了，我让老爷子拉琴，都十几年了，他是从来不拉的。他儿子也是拉琴的。石伟晨就跟他讲：他和老人家讲了许多，都是他最拿手的段子，特别讲到，我是听过你全部唱片的，我就跟他讲这些唱片。他儿子眼睛跟着一亮，说，你这个太关键了，说明你尊重他。

尊重人，这个优点，石伟晨是跟李蔷华学的。

李蔷华经常跟石伟晨说，《三娘教子》、《亡蜀鉴》、《碧玉簪》经常唱，她尤其喜欢《碧玉簪》。《六月雪》也是她讲得比较多的一部好戏。她认为，好的戏文，就是道理，唱了一辈子程派好戏，等于讲了一辈子道理。效果如何？美国的女儿红红、香港的女儿蕾蕾，都对她非常尊重，特别是晚年跟她在一起生活的儿子关栋天，更是孝顺有加。2014年春节，她去香港大女儿蕾蕾家，与女婿聊天。女婿过去也是梨园中人，后来下海做生意。她跟他聊天，聊继父李宗林，好多事儿，后来困倦了，他给倒了杯咖啡，催她再讲讲，他爱听。

人说"书礼传家"，她可说是"戏礼传家"。

也许这正是她毕生迷恋戏曲的内在动因。

石伟晨、梁健们都有体会，给李蔷华拉琴伴奏，最有意味，是闲时听她聊程派戏，那真是享受，一派理论。

她说戏改。程先生的东西不可乱动，有人拿《春闺梦》改了两句词儿，就说改革了，她坚决反对。《春闺梦》，打听到丈夫被抽壮丁，一年没音讯，邻居朋友，就到处打听，"啊，恩人"，这个属于舞台上，当时的称呼，改成"啊，伯母"，自然不行，离开历史环境，动一个字都不行。这不是保守，是尊重经典。她传承程戏的优点就是中规中矩，要不然人家怎么知道真正的程派，精神丢掉，就不是程派。学戏，她强调先"似"，再谈"神似"。

她说唱腔。你现在唱程派，确实掌握了，精髓完全学到后，才能变化。都知道，人最好嗓子是中年的。周信芳沙喉咙，程砚秋倒仓后嗓子出问题，都是没办法，行家自己可改变方法处理好,你学这个沙喉咙什么的,怎么行。说创新,程砚秋抑扬错落、疾徐有致的新腔,并让唱腔与身段完美融合在一起,在王瑶卿面前都是革新的成果。

当然,看她给学生说戏,更能把这些观点细述端详。

归纳说。艺术能分高下,就是你对艺术的态度。杨宝森《空城记》人人会,为啥有高低分出。程砚秋的《六月雪》一唱,都不敢唱了,之前都唱的。一是戏德,知己知彼,不能碰了,再是他唱绝了,无人能与匹敌。《玉堂春》,四大、四小名旦都唱,能做到,是所有人都在扬长避短。

具体说。严肃、严谨,一个小的气口,一个小的景头,尺寸,要求非常严谨,舞台的责任感摆到首位。归音十三个气口,字头字腹字尾,字头的音,头有多长,字尾有多长,什么时间归到字音,跟据剧中人的此情此景,相当有自己的一套。有学生在这种地方有含糊,她会"这不行",或者"这不能过去",一丝不苟表态。

李老师主张对程派戏一点不动,可以讲比较保守。程怎么,我怎么,做不到,我想办法做,不能"这么难,我把它改了"。别人论及京剧式微,往往推客观,电视电影冲击云云,她是检查自己,你给观众什么?自己做不到,改了,不是扬长避短,是不敢面对。她眼里,程先生就是戏曲改革家,每一只作品都不断在改进。她对程不同时间段进行研究,1938年是怎么的,1942年怎么的,拍电影1952年又是怎么的。几个不同版本,她都会跟学生讲清楚。

具体到一部《锁麟囊》。她演,她说,学生看。《悟人生》一段唱。李蔷华的表演,不被它所谓"程派"的模式套牢,是有内心活动,娇滴滴的样子,从卧室到客厅让人搀扶着出来,娇气十足,"挽我来",又不是残疾人,为啥?娇,演足一个"娇"字。结婚备下的东西没一样称心的。娇气,在她的眼神里完美体现出来。娘这边说,女儿出嫁,我这里给你准备的陪嫁,珍宝,玛瑙,一边放,一边说:儿呀,可喜欢?对比之下,女儿无所谓的态度,被表现得淋漓尽致。坐花轿八抬大轿,落雨了,春秋亭避雨。有人哭。这么破一台花轿?世上还有这么苦的人。叫梅香上前问一下。细腻的表情,正是台上一分钟,台下十年功。一直到她《悟人生》。一大段唱,好得不得了。送我锁麟囊原来是她?《换珠衫》唱段,李蔷华唱,精心刻画人的内心世界,入木三分,又让观众看得分明。

俞老过后,李蔷华跟"春秋票房"往来,都有近十五年光阴了,感情处得很好。2014年春节前夕,朱达人给她写来一信,恭恭敬敬,毛笔竖书。信中写道:"长期来,由于您对我社的支持和关心,使我们社得于顺利地成长。每个人的进步,都和您的悉心指导分不开。回想十多年,您所花费的心血,令人永记难忘。每忆及此事,唯有感激您","您是一位德艺双馨的艺术长者,我们唯一希望,就是您的健康长寿。衷心祝愿您节日愉快,永葆康泰。"

纵观人生,三分之二坎坷,李蔷华眼里,依然阳光明媚,春色无边。她说:"大家都对我好,领导对我好,同事好,学生好,孩子们好,没有什么不满足,非常满足。想起过去老演员,他们都没有活到我这个岁数,七十岁都没。杨派老生,杨宝生,四十九岁,我最崇拜的程砚秋大师,五十四岁。我呢,上回纪念俞老活动,八十三岁,能演这样,有戏剧史以来的女演员,没有过,尽管演下来,我很吃力了,还是演下来,这些都是因为这个社会环境。有些事情不是天生的,是环境。"

凡是跟李蔷华接近过的人,就会相信有气场这回事儿。老太太真的有她的大气场。甭说话,她只要坐那儿,不动,依然让人感觉她极其迷人的魅力,那不是一个貌相能够说清楚的。关栋天说过一段话,他说:"其实现在的孩子有很多自身条件很不错,腰腿啊、长相啊、个头啊、嗓音啊,都好。他们缺的是什么?没见过'好'角儿,如果连什么是'好'的都没见过,又怎么知道它'好',它'好'在哪里?那怎么传承?拿什么去传承?但这不怪他们呀!尽管有各种资料,但没法完整地展现前辈们的神韵,更何况太多的前辈们都没留下资料,太可惜了。"

这个话,正合给李蔷华"80后"依然活跃的艺术青春作注释。

附 录

　　往事如烟。那么一点点大,为养家糊口开始的生涯,入梨园,登舞台,迷程戏,跑码头,这根道,一不小心,就走到了满头披霜。回望我一个人的民族艺术之道,有多窄,又有多宽呀!

——李蔷华

李蔷华近影

从艺大事记

1929 年
11 月 11 日,生于湖北省武汉市,母亲秦如冰,父亲熊省吾。

1932 年
夏,武汉发大水,一家人跟随母亲逃难避灾。水退后的农历八月,母亲生下妹妹李薇华。

1935 年
年初,虚龄 7 岁不到,差一点被生父熊省吾卖掉,成了人家的童养媳。同年岁末,哥哥被"写"给了上海杂技团的前身、"潘玉珍童子团"杂技演出队,从此,兄妹一别就是八年整。

这年的春天开始,跟随唱山东大鼓的母亲,整天在武汉新市场的戏院子里,看戏学戏,接受各种舞台艺术潜移默化的熏陶。

1937 年
9 岁不到,开始学习京剧老生、老旦、花旦、刀马旦等行当。

1939 年
时年 11 岁,正式登台演出,演的是传统的老曲目《武家坡》等。

1940 年
李宗林与母亲结为伴侣,成为继父。在梨园界,李宗林是货真价实学问人,他与名家高华、言菊朋一起拉弦研戏。被他认准是棵好苗子,被着力向唱青衣方向培养。李宗林浓烈的父爱、高尚的人格魅力,深深地赢得了她的好感和信任,从此,继父成了真正意义上的艺术启蒙者,在学艺和做人两方面,有了最现实的导师和榜样,李宗林的出现,使她的人生从此获得根本改变。

1941 年
在重庆观赵荣琛演出程派戏,被程派艺术魅力所吸引,从此下决心学习程派,坚持不懈,一生未变。有着敏锐洞察力的继父,想方设法请来堪与"四大名旦"比肩的徐碧云,在素以戏剧大码头著称的上海,牵线搭桥,使之结下深厚的师生之谊。徐先生技艺精堪,教育上自成一套,几乎每天教学基础戏,打下了非常过硬的功底。

1942 年

在成都,与妹妹李薇华一起,被早期京剧表演艺术家醉丽君先生收为弟子,记忆中,始终没有举行过收徒拜师的仪式。

1943 年

14 岁,在成都挂二牌,唱压轴戏,周慧茹的大轴戏。半年之后,结束在外地的演出,再回重庆,挂了头牌唱上大轴。最难忘,那些少女时光,和妹妹一起,马不停蹄,居无定所,到处跑码头,维持一家生活。像贵阳的黔生大戏院、昆明的西南大戏院,都是经常去演出的地方。

1944 年

15 岁。在涪陵演出期间,丰子恺先生非常欣赏她们两姐妹,为她画下了一幅大青衣扮相的水墨人物画。

1945 年

这一年的年底,开始与一些当时的大名家同台演出。

1946 年

在旧上海二马路的大舞台(今人民大舞台)演出,前三天演的剧目是《碧玉簪》、《鸳鸯冢》和《青霜剑》。接下来,赶上是端午节,被要求连演了一个月的《白蛇传》,那是个机关布景,给人是新鲜感,继父却是很反感,他认为还是得认真演程派戏。

也是在这一年,经继父努力斡旋,将人称"程派京胡圣手"的周长华,请到了上海的家中,传授《春闺梦》、《荒山泪》、《锁麟囊》等整三年。周先生凭借对程派艺术的熟知,和高超的胡琴技艺,细致准确地传授程派的私房戏,给予她极大的帮助。周先生替程砚秋先生拉胡琴,因他一直在李家住,什么时候程先生有戏,在哪里演出,都能知道个清楚,大大方便了向程先生学习的机会。

1947 年

由戏剧理论家徐慕云先生引见,拜见程砚秋,大师赞赏有加,程砚秋有不收女弟子的规矩,她也不能例外,大师喜欢她的演出,表示不在乎形式,随时可指教程戏。大师的指点使她更为成熟。

同年,好友盛五小姐盛岫云下嫁周长华。

这一年,梅兰芳大弟子李世芳空难去世,受邀参加梅先生为其遗孀遗孤筹款组织的义演,在上海南昌路梅府,第一次见到俞振飞。

这一年,受大中华唱片厂之邀灌唱片,采纳周长华先生"灌程先生没灌过作品"的建议,灌了《梅妃》二黄慢板《别院》。

程先生在上海天蟾舞台演《女儿心》,袁世海的巴腊、魏莲芳的江花佑、俞振飞的小生,共演三场,她是每场必到,场场熟记在心。

反串小生,与颖若馆主、周长华胡琴合灌《女儿心》、《四郎探母》、《玉堂春》、《桑园会》等。

也是在这年的冬天,程砚秋先生在天津中国大戏院上演《文姬归汉》,与颖若馆主等结伴,从上海乘船去天津,千里奔波,就为赶赴现场听程戏,她们的痴迷,感动到程先生。

1948 年

19 岁。有了个仪式,拜王瑶卿为师,得到了这位太师辈人物的指点。

这年始,与薇华姐妹俩的"蔷薇剧团"在上海、宁波、苏州、杭州、天津、西安、长沙、郑州、开封及苏北等地演出,技艺日臻成熟。

1949 年

这年上半年,首演《春闺梦》,有周长华、徐碧云的儿子。

6月,名票啸云馆主王振祖率领的中国剧团有她们两姐妹、李玉蓉和老生言少朋、张慧鸣、金鸣玉,武生李桐春、李环春、李凤翔、熊宝森、王永春、陆锦春,花脸牟金铎、郭鸿田,文丑董盛村,武丑景正飞、沈连生,文场周长华、唐凤楼,武场吴懋森等,在台北美都丽戏院及新民戏院演出,言少朋与她们李氏姐妹不久即回上海。新中国成立。

1950 年

1月4日,与江苏银行职员丁存坤结婚。

4月4日,与胞妹薇华演出于南京大戏院,曲目有《锁麟囊》、《阳平关》、《能仁寺》,除了薇华,出演的还有关正明、王春华、焦宝奎等。

农历八月初二,生下大女儿丁蕾蕾。

1951 年

在上海演出时,荀慧生喜欢胞妹李薇华的才艺,留她入荀家大院,住过八年,每每荀先生有戏就留包厢,让薇华去观摩,后来妹妹成为荀派艺术的主要传人之一。

1952 年

这一年,程砚秋到上海,在上海人民大舞台连演十九场《荒山泪》,连看了十七场。

9 月,中南军政委员会撤销,中南京剧工作团归属武汉市文化局领导,改名武汉市京剧团,首任团长高百岁。

这一年唱戏,200 多场,烟台、青岛、济南、张店、博山,胶济线,有过八个月没有停的记录。

1953 年

与陈瑶华、云艳霞、熊志云等名演员加入了武汉市京剧团。

9 月,49 岁的继父李宗林患脑溢血去世。

12 月 1 日至 23 日,领衔红星京剧团演于武汉人民剧院。其中,14 日夜场,全本《李家将》、《窦娥冤》;15 日夜场,全本《青霜剑》、《洪羊洞》、《怀都关》;16 日夜场,全本《锁麟囊》、《战太平》、《三岔口》;17 日夜场,全本《伍子胥》、《孔雀东南飞》;18 日夜场,《打渔杀家》、《朱痕记》;19 日夜场,全本《三国志》;20 日日场,全本《柳迎春》、《父子哭城》、《打侄上坟》。

1954 年

春节,与参加赴朝慰问归来的陈鹤峰、高盛麟等演出于武汉京剧院,曲目有《贺后骂殿》、《荒山泪》。

3 月 8 日起,武汉京剧团上演水泊梁山故事之一《豹子头林冲》,出演林娘子,高盛林的林冲,张宏奎的鲁智深。

6 月,接受市文化局长巴南岗的邀请,正式调入武汉京剧团。

这一年与马连良先生高足、名须生关正明结婚。

武汉市京剧团《亡蜀恨》整理小组,整理出《渡阴平》、《江油关》、《战绵竹》、《哭祖庙》,出演李氏。

夏,江城大汛期间,带着身孕,坚持一线演出。

下半年,与高百岁、高盛林主演新编的《六国封相》、《戚继光》。

1955 年

上半年,在新编神话剧《封神榜》中饰演姜皇后。

7月武汉市京剧团赴长江沿线城市演出,与妹妹薇华在南京分别演出《荒山泪》、《香罗带》、《女起解》、《三堂会审》和《红娘》、《拾玉镯》、《梅龙镇》、《虹霓关》等。当时正在南方考察的程砚秋先生和李少广先生在台下观看了整出《荒山泪》,以示对她学程成就的肯定。

8月与陈瑶华、杨玉华、高维廉、李正福、许君良演出了《西厢记》。

1956 年

7月,加入中国共产党。

9月30日,生第三个孩子、唯一的儿子关怀(后改名为关栋天)。

11月,孩子刚刚满月,就出现在湖北省第一届戏曲观摩演出大会上,出演《春闺梦》的张氏一角。

这一年,与玉牡丹、关正明、关啸彬、李四立、李罗克、李景萼、李桂花、李雅樵、李春森、陈伯华、陈春芳、沈云陔、周天栋、吴天保、金雅楼、高盛麟、高百岁、高维廉、章炳炎、郭玉琨、胡桂林、贺玉钦、袁璧玉、黄楚材、杨菊萍、董少英、熊剑啸等同获湖北省第一届戏曲观摩演出表演一等奖。

1957 年

5月与陈瑶华、杨玉华、高维廉、董少英、计盛茂、高世泰等演出了《雁门关》。

8月1日,在林杉原著,王可改编,高维廉导演,管公衡、姚翔寒作曲的革命斗争壮烈史诗《党的女儿》中饰演二姐,杨菊苹的李玉梅。

同月,在《雁门关》中饰演青莲公主,高维廉的八郎,杨菊苹的肖太后。

秋天,生父熊省吾去世。

1958 年

3月9日,程砚秋先生逝世。

5月,随武汉京剧团赴上海,于人民大舞台演出多部程派代表曲目,同行主演有高正明、高百岁、高盛林、杨菊苹。

8月,与张宏奎、于鸿宾、刘敏霞演出《党的女儿》。

9月至10月,上山下乡,去川鄂交界的巴东地区,接受再教育,为农民送戏上门,与他们同吃、同住、同劳动。此间,接到上级通知,临时坐小飞机,与宋达生等五位演员,从巴东赶回武汉,为中共八届八中全会服务。

10月,与高盛麟、陈鹤峰、关正明、张宏奎、刘文魁、倪海天演出《郑成功》。

11月,与关正明、于鸿宾、高世泰、张剑英演出《梅玉配》。

11月28日至12月10日,中共第八届中央委员会第六次全体会议在武昌举行,奉命到会,为毛泽东主席等中央领导同志演出。

这一年开始,指导朱丽丽等五六位青年演员学程派戏。

1959年

3月9日,参加在北京人民剧场举办的纪念程砚秋逝世一周年演出,头一天,就是她与王玉敏先生演的《春闺梦》,周恩来总理、彭真同志、陈毅元帅、贺龙元帅都坐在观众席里,看到动情处,周总理站起来,鼓掌叫好。

3月13日,出席周恩来总理在中南海西花厅家中召开的关于继承程派艺术座谈会。

4月15日,程砚秋逝世一周年纪念演出,与高维廉的《春闺梦》剧照,刊于《戏剧报》杂志封面,内页特刊,刊登《六月雪》剧照。

5月1日,参演向五一献礼节目之古典名剧《二子乘舟》,主演宣姜一角,关正明的急子,高维廉的子寿和张宏奎的卫宣公,设计程旬、姚翔寒,导演于宗琨,作曲管公衡、姜鸿奎。

1960年

母亲秦如冰去世,享年53岁。

3月至6月,参加梅兰芳在北京举办的文艺理论讲习班,对梅兰芳与俞振飞主讲的昆曲《游园惊梦》印象最为深刻。

下半年,荀派创始人荀慧生主动提出教戏,在征得领导同意后,学了《金玉奴》、《卓文君》两出荀戏。

11月,在《郑成功》中出演田夫人,高盛麟的郑成功。

1962年

3月,由中央文化部主持,张君秋交流演出与武汉市京剧团联合演出,俗称"走马换将"。

4月21日,在武汉上演《四郎探母》,饰四夫人,张君秋的铁镜公主。

22日,在武汉上演《红鬃烈马》,与张君秋、陈瑶华分饰王宝钏的前、中、后,高百岁、郭玉琨、关正明分饰前、中、后的薛平贵,王婉华饰代战公主。

6月,随武汉市京剧团赴沪,在人民大舞台演出多部程派戏。

1964 年

6月,与高维廉首演现代京剧《红色娘子军》。

9月,与关正明、倪海天、张宏奎、熊志云、张剑英首演现代京剧《奇袭白虎团》,饰朝鲜崔大嫂。

10月,与高盛麟、张宏奎、朱宝康、刘文振首演现代京剧《节振国》。

在现代京剧《沙家浜》中饰阿庆嫂,B角刘敏霞,C角赵韵秋。

1965 年

7月,与刘敏霞、张宏奎、高世泰、李正福首演了现代京剧《南方来信》。

9月,与关正明、谢宗俊、陈少峰、张剑英首演了现代京剧《渡江第一船》。

1966 年

1月,与关正明、高维廉、熊志云演出了根据广东粤剧院演出本移植的现代京剧《山乡风云》,饰春花一角,杨菊苹的刘琴,郭玉琨的黑牛,编剧吴有恒、杨子静、莫汝城,导演高维廉。

这一年,武汉京剧团根据河南省开封市戏剧创作组同名豫剧本移植大型革命现代剧《焦裕禄》,饰焦夫人徐俊雅,集体导演,执行冯河,音乐组设计音乐,武戏组设计舞蹈,舞美设计沈希宇。

5月,"文革"开始,与关正明等一起被打成了武汉京剧团的"三名三高",老老实实地按时报到,参加学习,接受批判。

1976 年

与关正明一同从牛棚闲置之中,奉命北上,旧曲再操,主演《二堂舍子》彩色影片,这批传统剧目是"文革"后期特地为毛泽东秘密录制的,艺跨余杨,兼容言马。关正明,40年代初上海戏曲学校正字辈出科,具一代须生纯正的品味。她年近五旬,唱念上乘,戏尾屁股座子腾空而起,飞起两尺之高,变身盘腿硬落,下场跪步快稳,青衣内穿褶子外罩帔,起身连范,干净麻利,非常精彩。

1978 年

6月,与关正明离异。

1979 年

夏,拜访了孤身病中的京昆大师俞振飞先生,颇为同情。后来收到俞老学生薛正康的信:"俞老膝下无儿无女,身边无人照应,很是孤独,很需要有人照顾,你能否与之作伴,俞老年纪虽大,健康尚可,请放心。"回信云:"如果这是你的想法,那就大可不必,如果是俞老本人的想法,我就没话可说了。因为俞老是我向来尊敬的师长。"

1980年

1月4日,与俞振飞结婚,携子关怀到上海,成为梨园佳话。之后,进入上海戏曲学校执教,并不时参加舞台演出。

1月下旬,应邀,偕张君秋、俞振飞、童芷苓、孙正阳、李慧芳等人赴武汉参加江夏剧院落成典礼。

5月,为庆祝武汉京剧院历时两年重修落成,与张君秋、高盛麟、俞振飞、童芷苓、关正明、孙正阳、李慧芳等参加演出。剧目有童芷苓、关正明、孙正阳全本《法门寺》,李慧芳全本《穆桂英·辕门斩子》,张君秋、俞振飞《春秋配》,与黄正勤演出《春闺梦》。

6月,与俞振飞、郑传鉴、阎世喜等示范演出《贩马记》于上海戏剧学校实验剧场。

1981年

3月18日,陪同俞振飞抵南京,参加《中国大百科全书戏曲曲艺卷》分编委筹备会议。

3月22日,应南京大学校长匡亚明之邀,陪俞振飞出游马鞍山市采石矶,登临太白楼。

3月29日,与俞振飞、李宝櫆等演出《贩马记》全剧于劳动剧场。

9月1日,偕俞振飞参加北京昆曲研习社张允和公宴曲会。

1982年

9月,参加武汉市京剧团建团三十周年纪念活动,演出《锁麟囊》。

10月13日,与俞振飞演出《贩马记·写状》于五四剧场。

1983年

3月17日起,中央文化部、中国戏剧家协会、北京京剧院、中国戏曲学院联合主办纪念程砚秋逝世25周年的纪念活动,和新艳秋、王吟秋、赵荣琛、李世济五人合演《锁麟囊》。

5月8日,在上海大众剧场,由上海电台主办的"上海市戏曲学校师生演唱专场",与戏校的张少楼、俞振飞、童芷苓等老一辈,徐知仪、续正刚、朱玲妹、张洵澎中年一代,李占华、徐建忠、吴颖、张彦平、田金萍、任惠英青年一代,庞春涛、王正娴、徐建伟等后生四代演员同堂演出,程派部分,任惠英唱《武家坡》,她唱《碧玉簪》,以及《文姬归汉》选段。

6月17日,应施蛰存之邀,陪俞振飞赴绿杨邨酒家餐叙,同席者程十发夫妇、刘旦宅夫妇、陈巨来父女、钱君陶。

10月28日,陪俞振飞抵香港,参加第八届亚洲艺术节。

10月31日,赴香港大会堂酒楼,出席香港市政局主席张有兴所设迎迓各参演团体茶话会。

11月5日,与俞振飞合演《贩马记·写状》于新光大戏院。

11月6日,香港《大公报》刊文《昆剧团昨移师新光 俞振飞伉俪〈写状〉于新光》,有"夫妻演夫妻,演到毫颠"之语。

11月13日,参加香港中文大学新亚书院、东方艺术学会主办,中大学生会、京剧社协办之交流演出,与顾铁华演出《写状》于邵逸夫堂。

11月24日,陪俞振飞离港返沪。香港《大公报》刊文《台上台下到处受到欢迎和尊崇》,有"俞老在港友人对这位老朋友的晚景近况无不感到欣喜和快慰"句,侧面肯定新夫人的付出。

这一年,与蒋慕萍录制《朱痕记》,与梁庆云在北京人民剧场合作演出《武家坡》,与张学津合作《三娘教子》,与萧盛萱演出《坐监》。

1984年
继续完成上一年的工作,与蒋慕萍完成录制《朱痕记》。
2月初,陪俞振飞赴上海美术馆,观看《马得戏曲人物画展》。

1985年
4月2日,上海京剧院隆重举行纪念周信芳诞辰90周年暨上海京剧院建院30周年活动,纪玉良、李炳淑、汪正华、王正屏、艾世菊、王梦云、言兴朋等,特邀她与蔡正仁、邓宛霞合作演出,上演《牧虎关》《审头刺汤》《徐母骂曹》《四五花洞》《瞽德装疯》《蝴蝶媒》等老戏。

11月15日,上海音像公司、上海唱片公司、上海电视台、上海人民广播电台、上海市演出公司在人民大舞台联合举办南北京剧表演艺术家交流演出,与李玉茹、童芷苓、迟世恭、张文涓、张少楼、王正屏、王梦云、艾世菊、孙正阳、黄正勤代表上海,与北京和天津的袁世海、杜近芳、赵荣琛、杨荣环、李鸣盛、马少良等参加演出,盛况空前。剧目有《群借华》《龙凤呈祥》《福寿镜》《锁麟囊》《武家坡》等,她与著名须生张文涓演出《武家坡》。

1986 年

12月30日,陪俞振飞赴旧金山探亲,历时半年。先后会见林则徐后裔、宋哲元之女、李仲连之子。

1987 年

1月1日,上海《文汇报》发表《一对模范老年伉俪——记俞振飞和李蔷华》文。

6月底,与俞振飞一起,受旧金山市市长范士丹接见,同时受到接见的有正在该市访问演出的上海昆剧团部分演员。

7月,偕俞振飞由美抵港,夫妇俩一起,于香港文化中心作《京昆剧的表演艺术》讲演。

1988 年

3月27日,陪俞振飞飞抵广州,参加美籍台湾作家白先勇所著话剧《游园惊梦》首演仪式。

5月8日,赴豫园得月楼雅集,祝贺陈从周教授七十初度暨重建豫园东部首期工程告竣,并新加坡作家协会名誉会长周颖南先生花甲初周。偕俞振飞清唱《长生殿·小宴》之《粉蝶儿》,顾兆琪笛。

6月,香港著名人士邵逸夫来沪,与俞振飞、张少楼等人作陪。

8月28日,陪俞振飞先期抵达日本东京,随上海昆剧团《长生殿》剧组参加中日友好条约缔结十周年访问演出。

9月25日,陪俞振飞赴苏州,参加第二届中秋虎丘曲会。

10月15日,陪俞振飞赴港,作《戏曲与文学》专题讲演于香港文化中心。

10月23日,香港中文大学中文系、香港中国传统戏曲艺术院、《大成》杂志社为祝贺俞振飞荣获名誉文学博士,联合举办庆祝晚会于中文大学邵逸夫礼堂,与谢景华演出《武家坡》,与顾铁华、冯顺芝、李菊华、姜振亭演出《春闺梦》。

12月9日,偕俞振飞、岳美缇赴越友酒家,应邀参加越剧名家傅全香收录台湾周弥弥为徒仪式。

1989 年

4月,钱璎《俞振飞与苏州昆剧》(《苏州杂志》1994年第二期)载:"1989年4月,上海昆剧团准备赴港演出期间,俞老又一次来到苏州。这次来不是教戏,也不是开会,更不是作示范演出,而是他本人向沈传芷老人学戏。""传芷老师边说边做,蔷华老师扛了个录像机,认真地将沈老师所表演的一招一式全部摄录下来。"

5月28日,《上海戏剧》第三期出版,发表征人所撰《俞振飞、李蔷华夫妇访问记》一文。

9月18日,上海昆剧团携《长生殿》、《潘金莲》二剧,赴京参加第二届中国艺术节,应邀陪俞振飞同往。

年内,与俞振飞录制了《春闺梦》。为程砚秋先生配像的剧目《武家坡》、《青霜剑》等得到一致赞誉。与俞老同台合作演出了《玉堂春》、《连环记》、《长生殿》、《刺虎》、《奇双会》等。

1990年

1月14日,陪俞振飞赴嘉定文化馆,应邀参加梅园业余京剧社成立大会。

春节,上海京剧院举办"京剧五世同堂演唱会",与俞振飞清唱《春闺梦》片断。

3月,与俞振飞、迟世恭、汪正华、王正屏、李炳淑、李丽芳、张南云、夏慧华、艾世菊、王梦云、马博敏、言兴朋在人民大大舞台参加上海京剧界为第十一届亚运会筹款义演,清唱《春闺梦》片断。

7月1日,上海昆剧团、《上海老年报》社、上海市企业活动家联合会假兰心大戏院举办"昆剧艺术大师俞振飞先生八十九华诞庆贺演出",与俞振飞、上海越剧院院长袁雪芬等出席。

8月7日,魏绍昌设寿筵于上海长寿大饭店,祝贺俞振飞八十九华诞,与俞振飞赴会,另有刘琼、舒适、乔奇、蒋云仙、侯君莉等。

1991年

4月6日,文化部振兴昆剧指导委员会、中国文联、中国剧协、上海市文化局、上海市广播电视局等二十余家单位共同举办俞振飞舞台生活七十周年纪念活动,与俞振飞于上海商城剧场出席开幕大会。

4月9日,与俞振飞,学生王泰祺、计镇华等演出《贩马记·团圆》。

1993年

7月17日,凌晨4时50分,俞振飞溘然长逝。随即成立丧事领导小组,陈至立任组长,高占祥、金炳华、龚学平任副组长,与王荣华、徐俊西、周渝生、孙滨为组员,负责治丧事宜。

1996年

去北京为程砚秋先生的《青霜剑》音配像。正是这次活动中,李少广先生亲口告诉她,1955年他陪程砚秋先生,在南京观看她演出的全本《荒山泪》,这之前当时正在台上演出的她,根本就不知道这回事。

1997年

作为中国京剧艺术赴港演出团的代表,前往香港参加"庆回归京剧大汇演"。6月30日,演出全本《红鬃烈马》。7月1日,在新光剧院出演《锁麟囊》。7月2日,演《四郎探母》。这次演出活动之后,公开表示,因为年龄的关系,决定不再参加整台大戏的演出活动,其间,常有剧团邀她登台,她总是婉言谢绝:"《凤还巢》里的程雪雁,用不着请彩旦,我化好妆,就是活脱脱的程雪雁。"《凤还巢》里,雪娥貌美,以青衣扮演;雪雁貌丑,就以彩旦出演。她以雪雁自嘲,谢绝演戏。

2002年

6月,纪念俞振飞先生百年诞辰,表演了昆剧《贩马记·写状》。

2003年

12月18日,纪念程砚秋诞辰100周年巡回演出在上海逸夫舞台举行,与汪正华、后辈刘桂娟与王佩瑜搭档演出《红鬃烈马》。

2004年

在纪念程砚秋先生诞辰100周年时,演出了久未见于舞台的《亡蜀鉴》,唱腔、身段、水袖皆不显老态,令人叫绝。她的唱像是有一口气顶住,真正做到绵延不绝。听起来外柔内刚、情态动人,咬字讲究,口齿清晰。音色略薄,所以在初听时可能不是那么抓人,细听之下,很容易上瘾。

2007年

12月9日,与原市长王明权等应邀返汉,参加武汉京剧院新址竣工典礼,一曲《荒山泪》,唱做俱佳,轰动全场,返场再唱《春闺梦》、《锁麟囊》才算罢休。

2011年

7月16日,为纪念俞振飞诞辰109周年,再度对镜理妆,与俞门大弟子蔡正仁携手演出京剧《春闺梦》。自1997年在香港新光剧场粉墨登场后,她再不演出整场大戏,与蔡正华一起演《春》也是20年前事。此时,高龄已83岁,以气定神闲的真功夫,以一出和俞振飞曾经合作过的《春闺梦》,完成了对俞老最好的纪念。

后　记

感谢上海市文学艺术界联合会,安排了这次采写工作。感谢为本书的写作提供帮助的所有师长、朋友。

2012年年尾至今,漫漫两年多时光,我仿佛是经历了一场名牌大学的旁听,时断时续,站到蔷华老师长长的人生河畔,闻波卷浪涌,观霞起日落,感受神彩飞扬的热烈,体味绵邈悠远的意境,倾听,思考,煮字,间或有捉襟见肘的窘迫,更多的,毋容置疑,当是美好的享受。

童年故镇,一年半载才能盼来双脚梯、跳板搭起戏台,能记住的,只是闹头场的锣声很响,油盏火下沈小毛的甘蔗很甜。20岁插队,生产大队排演全本《沙家浜》,派到的差使是画布景,只辨绿苇红幡,无关慢板散板。仅仅如此可怜的一点交集,实在是戏盲曲陌之人。面对我时不时流露的茫然,蔷华老师报以微笑,她非常耐心,一次次地,讲故事,谈人生,摆道理,云卷云舒,曲径通幽,用她满满的宽厚慈祥,为我的心里,慢慢悠悠地,化解着艰深的京剧艺术。

意犹未尽。

记录老师的魅力,究竟在哪里？她的全部奉献,倾其一生,几乎全都消化在了舞台上,能留下的海报、报刊广告,还是靠一个戏迷给收藏了一些。此外,属于她的所谓固化的部分,鲜有文字记载,包括照片。说到漂亮,她数度提到一帧十八九岁时的照片,"那个好看呀,前两年还在呢,这会儿,这个照片,也不知道跑哪儿去了。"

好像为我的写作关上了门,实在是打了开一扇窗,它让我的写作变得天马行空无拘无束。比如,关乎她的晚年生活,为她伴奏的琴师,远在武汉的学生,围在她身边,见天跟她在票房开心唱戏的戏迷们,等等,虽说当的是他们的老师,一个个也都成了她的老师:他们是那么样地喜欢唱戏,跟少女时代爱到如今的自己一模一样,这不正是京剧艺术的希望吗？凡是进入视野接受我采访的人,尽管他们提供的素材五彩缤纷,中间谈了许多她的艺术,最后总会用这么一句话作结：老师这个人,实在是太好了。

一直有担心。如此絮语,如是杂事,而且许多,似与主旨走远,却横竖舍不得,被狠心留下。两难。生怕把波澜壮阔弄成了鸡零狗碎。古代龙泉青瓷,辟出一个冰裂纹品种,其纹片如冰破裂,裂片层叠,具无限自然美。但愿文字,只要是真正带着体温的生命碎片,一样能粘合出饱满丰盈,开出一枝好看的花来。

蔷华老师不希望别人尊称她为表演艺术家,她喜欢称自己是戏迷,至今还是个老戏迷。但是,毫无疑问,她是个文化人。

关于文化的说法,层出不穷,比较能认同的是这四条:植根于内心的修养,无需提醒的自觉,以约束为前提的自由,为别人着想的善良。回味本书的写作,最浓的,还是蔷华老师的文化。我曾经试图作一些技术上的统计,譬如她唱过的戏,有过多少出,扮演过的角色,都是些什么名字,她走过的三江六码头,都有哪些城市乡镇,她带过的学生,出了名和不出名的,都有谁谁谁?蔷华老师一概只能是摇摇头,记不清,没有留下资料。但是,可以肯定说,满满七十年的舞台生涯,她的文化,都已点点滴滴融入在了海量的京剧艺术里,更窄地说,是程派艺术里。她因戏而识字,而知书,而达理,而异常饱满的精神天空,唯此,她有了修养,有了自觉,有了自由,有了随时流露的善良心肠。化为她那一大群业余爱好者的话,又是一句常常挂在嘴上的由衷赞美:老师那么高雅的气质和风度,是任你怎么学,也学不来的。

记得跟蔷华老师聊天,临近尾声时,我们扯开去,谈体育。1959年3月,第25届世界乒乓球锦标赛,在西德举行,容国团参加男子单打比赛,战胜曾九获世界冠军的匈牙利老将西多,把自己的名字第一次刻在圣·勃莱德杯上,这也是中华健儿获得的第一个世界冠军。发生在体坛的这件事,严重影响到蔷华老师,那年正好30周岁,她从"体育盲",迅速突变为"体育迷",舞台表演艺术,依然独钟程戏,体育竞赛,竟遍地开花,天上地下,大球小球,没有她不喜爱的项目。

在18吋彩电前,与孩子一起,为郎平加油,把一条好好的嗓子喊哑;李娜,她的老乡,更是她女网最爱,这姑娘口才、球技一样出色,打破了多少人间神话?男子网球,许多人迷纳达尔,她独崇费德勒,这个谜一般的瑞士男人,年年看他,模样呢,从愣小伙慢慢变老,球技呢,却是青春常在,那年在上海,他连赢五场,她场场都看,一场都没落下,跟当年连看17场程砚秋的《荒山泪》一个德性。她一直觉得罗纳尔多也是个谜,这小子把艺术做到了脚尖,浑身的细节都能把握到一流,他的魅力,就是足球的魅力。最诡异的,恐怕要数林丹了。林的对手,是马来西亚的李宗伟,两位与印尼的陶菲克、丹麦的盖德一起,被并列为当今世界羽坛四大天王,最近的国际大赛,这个李,把所有对手都打下去了,林丹一到,即刻没了生路。羽毛球的看点,硬是被这些高手推波助澜,弄到无以复加的地步。当然啦,她只是迷体育,十八般武艺,要说会弄的,也就一样:乒乓球。还是容国团点的火。那些日子,没戏演,就打球,球艺大进。红山宾馆,为开会的中央领导演出,抽空也打,让周恩来总理知道了,总理好兴致,在地下室搭起的临时乒乓桌上,跟她杀了一盘,结果15比21,大国总理21,程门私淑弟子15。蔷华老师常常自谬脑子不好记数字,这两个数,要忘记也难。

长长的这一段话,几乎都是她的原话。如此这般神侃,在"00后"、"90后"、"80后",甚至"50后"、"40后"、"30后"人群里,都是常态,放到她这位"20后"老太嘴里,且口径如此之宽,便近乎神奇。

扯远去,无边无际。看着她异常专注的神情,我对她的从艺道路能走到如此高的境界,瞬间有了醍醐灌顶般的顿悟:正是她老人家这种几近无来由的执著,咬定青山,铸就了无坚不摧、无往不胜的精神本质。

百度"立雪程门":杨时见程颐于洛,时盖年四十矣。一日见颐,颐偶瞑坐,时与游酢侍立不去。颐既觉,则门外雪深一尺矣。李蔷华自上海千里奔波,见程砚秋演《文姬归汉》于天津,蔷华盖年仅十八矣。一日见秋,秋亮相中国大戏院舞台,开腔,举手抬足,蔷与姐妹坐台下观赏,则海途劳顿满肚苦水一扫而尽矣。

蔷华老师的家人,老伴过了,大女儿在香港,幺女在美国,我只是接触到她的儿子关栋天,著名京剧表演艺术家。说接触,其实只是通个电话,打个招呼而已。他有他忙的工作,白天多半不在家。有一天傍晚,我与蔷华老师的聊天已近尾声,关栋天回家来了,与我客气地打过招呼后,随即躬身向母亲问安。欲离去,又折返,母亲坐的单人沙发,他双手环抱着,将角度作了一番调整,左顾右盼,觉得妥帖后,方才离开。李座与我座本是九十度,被调整成了四十五度,谈话瞬时觉得流畅许多。老师望望我,投过来甜蜜一笑。

一切都在不言中。

女孩儿最看重的天生丽质,亲爹妈给了个美人胚子;事业起步最需要人指点的时候,继父和一群顶级老师争先恐后来到身边;生命中最渴望爱情的当口,俞老这般世间稀有的儒雅男人足足陪伴了她一十四年;晚霞绚烂时,身边有着这般孝顺的儿郎。

谨此,唯愿幸福老人蔷华老师,健康到永远。

费爱能
2014 年 11 月 26 日

图书在版编目(CIP)数据

立雪程门漾秋声·李蔷华/费爱能著.—上海：
上海文化出版社，2015.8
（海上谈艺录）
ISBN 978-7-5535-0418-6

Ⅰ.①立… Ⅱ.①费… Ⅲ.①李蔷华—传记 Ⅳ.
①K825.78

中国版本图书馆 CIP 数据核字（2015）第 165666 号

策　　划	宋　妍　张晓敏　沈文忠
统　　筹	倪里勋　王　刚
出 版 人	王　刚
责任编辑	张　琦
特约编辑	刘绪源　司徒伟智　王　晨
封面设计	姜　明
技术编辑	陈　平　刘　学
丛 书 名	海上谈艺录
主　　编	上海市文学艺术界联合会　上海文学艺术院
书　　名	立雪程门漾秋声·李蔷华
著　　者	费爱能
出　　版	上海世纪出版集团　上海文化出版社
地　　址	上海市绍兴路7号
邮政编码	200020
网　　址	www.cshwh.com
发　　行	上海世纪出版股份有限公司发行中心
印　　刷	上海天地海设计印刷有限公司
开　　本	787×1092　1/16
印　　张	11.75　彩插　2
字　　数	220 千
版　　次	2015年8月第一版　2015年8月第一次印刷
国际书号	ISBN 978-7-5535-0418-6/K.048
定　　价	38.00 元

敬告读者　本书如有质量问题请联系印刷厂质量科
电　　话　021-64366274